Vom Junkie zur Umsatzmillionärin

Impressum

1. Auflage 2022

Projektleitung: Marian Prill
Buchinterview: Lynn Kühner
Lektorat: Dr. Alexandra Sept
Cover: Melissa vom Marian Prill Verlag
Buchsatz: Michelle Hürten

Marian Prill Verlag
Schwartauer Allee 69
23554 Lübeck

Bibliografische Information der Deutschen Nationalbibliothek:
Die Deutsche Nationalbibliothek verzeichnet diese Publikation in der Deutschen Nationalbibliografie; detaillierte bibliografische Daten sind im Internet abrufbar unter: http://dnb.d-nb.de

ISBN 978-3-949265-10-5

Birgit Möller

Vom Junkie zur Umsatzmillionärin

Als 21-Jährige beginnt **Birgit Möller** damit, Ecstasy zu konsumieren, drei Jahre später ist sie schwer heroinabhängig. Für die Geburt ihrer ersten Tochter geht's vom Gefängnis direkt in den Kreißsaal. Erst die Langzeittherapie beendet die dunkelste Zeit ihres Lebens. Schließlich gründet Birgit Möller ein Unternehmen, das sie mit viel Beharrlichkeit aufbaut. Im Jahr 2017 verzeichnet die Firma das erste Mal siebenstellige Umsätze.

Inhaltsverzeichnis

Wie dieses Buch funktioniert

Jedes Kapitel in diesem Buch wird von einem solchen Kapiteltrenner mit jeweils einem individuellen QR-Code und einem Webseitenlink abgeschlossen. Damit sind sich Leserschaft und Autorin so nah, wie es in der Vergangenheit durch ein Buch kaum möglich war.

autorenclub.de/bm

Über den Zugang zur Internetseite der Autorin lassen sich die einzelnen Buchkapitel kommentieren. Neben Feedbacks sind auch Fragestellungen möglich, die die Autorin per Sprachnachricht oder E-Mail beantworten wird.

Entscheide selbst, ob du Birgit Möller persönlich Feedback geben möchtest oder deine Meinung mit der gesamten Leserschaft teilst. Wenn Fragen zur Interaktion mit der Autorin aufkommen, beantwortet unser Verlagsteam diese gerne unter: leserfragen@marianprill-verlag.de

Vorwort

Es war der 8. April 2020, als ich um die Mittagszeit in den sozialen Medien bekannt gab, dass ich ein Buch schreiben werde. „Wann kann ich es kaufen?“, fragten mich die einen, „Kann ich es jetzt schon bestellen?“, die anderen. Ich habe durch meinen Beruf ein paar tausend Kontakte auf Facebook, doch mit dem Zuspruch habe ich nicht gerechnet. Manche meiner engsten Freunde kennen meine Geschichte. Die Wenigsten wissen jedoch, welche Verwandlung ich in den letzten Jahrzehnten durchgemacht habe.

Und weil ich mir vorstellen kann, dass einigen meine Geschichte dabei hilft, Kraft zu schöpfen, sich aus der Antriebslosigkeit zu befreien, Ideen zu entwickeln, für ein freies, selbstbestimmtes Leben, formuliere ich hier Zeile für Zeile. Ich hoffe, dass mein Text die Menschen erreicht, die aufgeschlossen für meine Botschaften sind, die ein offenes Mindset haben und sich auf Veränderungen freuen. Ich liebe Menschen, die mit beiden Beinen fest im Leben stehen oder sich zumindest auf den Weg machen, dies zu erreichen. Ganz sicher wäre es nicht schlecht, wenn auch junge Menschen erfahren, was passieren kann, wenn einem die Kontrolle über sich selbst abhanden kommt. Und wenn sie erfahren, zu welchen Konsequenzen dies führen kann, haben sie eine Wahl zu entscheiden.

Wen ich nicht erreichen möchte, sind Pessimisten. Ich kann mit Menschen, für die das Glas immer halb leer ist, nicht viel anfangen. Diejenigen, die nach Lösungen suchen, Lust auf Veränderungen haben, denen gehört die Welt.

Ich weiß natürlich, dass nicht immer alles ganz leicht ist. Lange Jahre war mein Ziel die Selbstständigkeit. Ich habe viel rumprobiert, mal gewonnen und mal sind die Dinge gnadenlos in die Hose gegangen. Doch immer war für mich klar: Irgendwann werde ich erfolgreich sein. Irgendwann werde ich den angestrebten Durchbruch erreichen. Dafür habe ich lange genug an meiner Einstellung gearbeitet und mir positive Gedanken verordnet. Ich habe gelernt, mich immer wieder zu fragen: Wie soll mein Leben aussehen? Und so kam es, wie es kommen musste: Mein Einstieg in die Kosmetikbranche ebnete mir dafür den Weg und als ich vor sechs Jahren dann das Angebot bekam, den Vertrieb für ein spezielles Gerät zu übernehmen, nahm der Erfolg seinen Lauf. Das hat mir eines bewiesen und ich möchte mich im Vorfeld für den Kraftausdruck entschuldigen, den ich gleich verwende: „Egal, wie scheiße dein Leben läuft, egal mit welchen Herausforderungen du zu kämpfen hast und egal, wie weit unten du jemals gewesen bist, du kannst alles schaffen, was du möchtest, wenn du diese Entscheidung triffst.

2017 verzeichnete mein Unternehmen das erste Mal siebenstellige Umsätze. Und das, obwohl ich nicht einmal eine Ausbildung habe. Ich habe früher gejobbt und heute ein Unternehmen mit Mitarbeitern. Mit meinen Töchtern wohne ich in einem 200-Quadratmeter großen Haus. Meine Hunde beschützen uns und den riesigen Garten und es ging mir nie besser.

Das Unternehmen habe ich im wahrsten Sinne aus dem Boden gestampft. Denn ich kam von ganz unten. Ich habe mit nichts angefangen und es mit Beharrlichkeit super-erfolgreich gemacht. Wenn wir zum Beispiel Messen auf der ganzen Welt besuchen, dann habe ich ein Gespür dafür, wonach der Markt verlangt, welche Angebote in der Kosmetik gewünscht sind.

Ich kann zwar gut verkaufen, doch überzeugen möchte ich niemanden. Vielleicht hängt dies auch mit der Zeit in meinem Leben zusammen, in der ich permanent Menschen überzeugen musste. Ich untertreibe nicht, wenn ich sage, dass diese Zeit das mit Abstand dunkelste Kapitel meines Lebens ist. Und über diese schwarze Zeit werde ich in meinem Buch berichten, damit Leserinnen und Leser verstehen, welche Leistung dahinter steckt, dass ich noch am Leben bin und wie ich mein Leben heute führe.

Als ich 21 Jahre jung war, habe ich angefangen, Drogen zu konsumieren. Ich habe nicht gekifft, sondern bin gleich ein paar Level höher eingestiegen, habe mit Ecstasy angefangen. Als 24-Jährige war ich schwer heroinabhängig. Heroin ist das Zeug, das Menschen den Atem nehmen kann, ihre Herzen anhält und sie auf den Boden der Tatsachen sinken lässt. Bis zu meinem 32. Lebensjahr schwebte ich stets in Lebensgefahr. Ich setzte mich dauerhaft gesundheitlicher Schädigung aus. Hatte kein eigenes Dach über dem Kopf, lebte in Hamburg auf der Straße. Ich beschreibe das hier im Moment sehr dosiert, denn wenn ich über diese Zeit rede, empfinde ich noch immer Schmerz. Wenn ich meine Augen schließe, spüre ich immer noch Leid und Elend. Ich habe 15 Jahre dafür gebraucht, mich zu finden, denn ich hatte mich total verloren. In anderthalb Jahrzehnten ordnete ich mein Leben neu. Nicht jedem, der auf der Straße lebt, gelingt dies. Im Gegenteil. Viele in diesem lebensunwerten Umfeld bekamen Kinder, die sie wieder verloren. Ich hätte das nicht mit mir vereinbaren können. Als ich selbst schwanger wurde, habe ich den Entschluss gefasst, mich von den Drogen zu verabschieden. Ich musste und wollte aufhören und daran hielt ich mich auch.

Als meine erste Tochter Sarah geboren wurde, zog ich mit ihr nach Berlin, weit, weit weg von Hamburg. Ich meldete mich dort für eine Langzeittherapie an, die über ein knappes Jahr ging. Die Anstrengung der Entwöhnung kompensierte ich damit, dass ich wieder anfing zu arbeiten. Daraus zog ich unendlich viel Energie. Vor meiner Drogensucht war mir Arbeit schon immer extrem wichtig gewesen. Über Leistung habe ich mich auch danach sehr lange definiert.

Als meine zweite Tochter irgendwann sehr krank geworden ist, ich erinnere mich an einen zweiwöchigen Aufenthalt im Krankenhaus, kam ich etwas zur Ruhe. Ich hinterfragte, ob das, was ich tat, das Richtige sei. Und fasste den Entschluss, aus Berlin wegzuziehen – obwohl ich selbstständig war. Ich wollte mit meinen Kindern aufs Land. Ich hörte meine Seele nach Ruhe rufen. Also setzte ich den Plan in die Tat um. In Berlin ließ ich mehr oder weniger alles stehen und liegen, kehrte der Hauptstadt den Rücken und fing in der Altmark noch einmal ganz neu an. Es war der perfekte Ort für eine tragfähige Zukunft.

Bevor ich im Drogensumpf versunken bin, hätten diejenigen, die mich kannten, dies wahrscheinlich nie für möglich gehalten. Ich habe viel Sport gemacht, liebte es, Trampolin zu springen, schwamm für mein Leben gerne. Ich war Leistungsschwimmerin, konnte Menschen motivieren. Das kann ich heute auch noch. Mein neues Leben, das ich mir seit 15 Jahren beschere, brachte gravierende Veränderungen mit sich. Und doch muss man keine 15 Jahre aufwenden, um gravierende Veränderungen herbeizuführen.

Mein Mentor, ein weltbekannter Kanadier, gewann mich für sein Programm „Thinking Into Results", das ich heute mit Menschen teilen darf, die sich verändern wollen. Ich persönlich setze meine Ideen sehr schnell um, treffe auch Entscheidungen sehr zügig. Geschwindigkeit ist ein wichtiger Aspekt für jeden, der Veränderung in Betracht zieht.

Ich reise unwahrscheinlich gerne. Doch immer, wenn ich nach Hamburg komme, um meine Familie, die hier lebt, zu besuchen, wird mir schwer ums Herz, wenn ich das Areal um den Hauptbahnhof passiere. St. Georg war die einzige Straße, auf der ich für Monate, wenn nicht sogar Jahre, lebte. Sie war die Straße, die mich am Leben hielt und die Straße, die mir alles Lebenswerte nahm. Obwohl ich oft im Delirium war, habe ich immer gedacht, dass ich nie wieder ein anderes Stück vom Himmel sehen werde, als das, was ich von dieser Straße aus sah. Es gab Momente voller Verzweiflung, in denen ich mich aufgab. Ich dachte, ich würde es niemals hier wegschaffen. Wenn ich mich die Kirchenallee entlang schleppte, am Hamburger Hauptbahnhof vorbei, ungefähr auf der Höhe der Parkplätze, gibt es auf der rechten Seite einen Imbiss. Dort holte ich mir ab und zu mal einen Milchreis. Wenn ich versuche, mich daran zu erinnern, was ich danach gemacht habe, lösen sich die Gedanken wie Nebel vor meinem geistigen Auge auf.

In Vorbereitung auf dieses Buchprojekt habe ich ein paar Menschen befragt, wollte von ihnen wissen, wie sie auf meine dunkle Zeit reagieren. Einer Frau, mit der ich schon sehr lange zusammenarbeite und die ich sehr mag und schätze, habe ich erzählt, was ich erlebt habe. Mit dem letzten Wort dachte ich mir: „Oh Gott, was habe ich nur getan, was denkt sie wohl jetzt von mir?" Ich traute mich nicht mehr, aufzublicken, sie anzuschauen. Und was hat sie gesagt? „Du bist jetzt noch mehr in meiner Achtung gestiegen, Birgit." In dem Moment, indem ich ihr beschrieb, was ich erlebt habe, war es, als ob ich mich nackt gemacht hätte. Die Frau, die einem Trainernetzwerk angehört, war nur eine Vertraute aus einem auserwählten Kreis. Wie werden wohl die Menschen reagieren, die mich nur im beruflichen Kontext kennen, als taffe Geschäftsfrau? Ich bin gespannt und lasse es darauf ankommen.

Als ich Consultant bei Bob Proctor geworden bin, dem besagten Erfolgscoach aus Übersee, beauftragte ich eine Agentur, die mich dabei unterstützen sollte, mein Coaching-Geschäft in Bewegtbild zu präsentieren. Der Agenturmitarbeiter reagierte ebenfalls ganz anders als ich vermutet hatte. Obwohl es mir schwer fiel, einen Bruchteil meiner Geschichte einem Fremden zu erzählen, meinte dieser junge Mann augenscheinlich begeistert: „Oh cool, das können wir marketingtechnisch richtig gut aufbauen."

Und so trage ich den Wunsch ein Buch zu schreiben schon 15 Jahre mit mir herum. Ich habe oft gedacht, das alles einmal aufzuschreiben, auch, um es selbst zu begreifen und verarbeiten zu können. In meiner Firma sind wir breit aufgestellt. Ich selbst habe für das Kosmetikinstitut kaum noch Zeit. Eine Kosmetikerin kümmert sich liebevoll um unser Institut. Unser Techniker hat ein Plasmagerät entwickelt, das wir hier selbst herstellen und weltweit verkaufen, zusammen mit Permanent Make-up-Farben und Zubehör. Unsere Geräte gehören dem Bereich Anti-Aging an.

Es gibt ein Buch, das den Titel trägt „Vom Junkie zum Ironman“ und von Jörg Schmitt-Kilian geschrieben wurde. Es wurde sogar verfilmt. Ich habe es gelesen, als es mir noch nicht gut ging. Ich dachte mir, wenn dieser Mann es schafft, dann kann ich auch ein Buch schreiben. Mein Anspruch ist es immer, in meiner Sache erfolgreich zu sein. Und dabei ist mir ein Gedanke gekommen, der mich nicht mehr loslässt: „Wenn die Leute, ihre Energie, die sie mal in Drogen gesteckt haben, in etwas anderes investieren, dann kann daraus nur etwas Wundervolles entstehen.“

Ich bin immer optimistisch und lösungsorientiert. Ich denke nie in Problemen, sondern frage mich immer, was die Lösung sein kann. Ich glaube an eine höhere Macht. Und ich zahle Kirchensteuer.

Und jetzt kommt der Moment, an dem der Vorhang fällt und ich dich dazu einlade, gedanklich einer Frau zu folgen, die früher von der breiten Masse die kalte Schulter gezeigt bekam, die aus Mitleid bestenfalls ein paar Münzen erhielt und die sich ins Leben zurückgekämpft hat.

Such dir ein dickes Fell, es kann sein, dass du es brauchst.

Viel Lesevergnügen wünscht dir
deine Birgit Möller

Vorwort

Was kommt dir in den Sinn, wenn du dieses Kapitel auf dich wirken lässt? Worüber denkst du nach? Wie setzt du dich mit dir auseinander? Birgit Möller freut sich auf Feedback und Fragen.

autorenclub.de/bm/1

Über den Zugang zur Internetseite der Autorin lassen sich die einzelnen Buchkapitel kommentieren. Neben Feedbacks sind auch Fragestellungen möglich, die die Autorin per Sprachnachricht oder E-Mail beantworten wird.

Entscheide selbst, ob du Birgit Möller persönlich Feedback geben möchtest oder deine Meinung mit der gesamten Leserschaft teilst. Wenn Fragen zur Interaktion mit der Autorin aufkommen, beantwortet unser Verlagsteam diese gerne unter: leserfragen@marianprill-verlag.de

Drogenfreies Kinderglück: Vom Gefängnis in die Geburtsstation

Von Berlin hierher in die Altmark gezogen zu sein, war die beste Entscheidung meines Lebens und auch die Wichtigste. Ich sitze an meinem Schreibtisch, schaue nach draußen und sehe den Himmel an, der hier genauso blau leuchtet, wie in Hamburg. Ich habe mir vorgenommen, als erstes darüber zu schreiben, was ich am liebsten verschweigen würde.

Ich bin bereit. Auch wenn ich einen Teil meiner Vergangenheit gerne vergessen möchte. Es war nicht gerade eine Glanzzeit in meinem Leben. Immerhin weiß ich, dass ich niemals wieder mit Drogen in Kontakt kommen werde. Dafür habe ich mich entschieden. Und dafür muss man sich auch ganz klar entscheiden, wenn man ein freies Leben führen will.

Ich glaube, ich war bereit, die Therapie anzutreten, weil der Leidensdruck groß genug war und ich das Ziel hatte, Mutter zu werden. Vielleicht ist „Ziel" zu viel gesagt. Es war eher ein zarter Wunsch, der durch den grauen Schleier meines Deliriums in mein Bewusstsein gelangte.

Ich kannte viele Frauen von der Straße, die Kinder bekamen, ohne sich für eine Therapie zu entscheiden. Es waren Kinder, die im Bauch ihrer heroinsüchtigen Mütter nicht die Nährstoffe bekamen, die sie brauchten und die ihnen von Natur aus zugestanden hätten. Diese Kinder kamen viel zu klein ins Leben, zu schwach, zu bleich und zu krank.

Schaue ich mir bei dieser Gelegenheit die Bezeichnung „Heroin" genauer an, dann findet sich darin das Wort „Hero" wieder, zu Deutsch „Held". Doch wer Heroin konsumiert, ist kein Held, sondern ein Opfer. Und heroinsüchtige Mütter sind nicht nur Opfer sondern auch gleichzeitig Täter.

Zu Beginn meiner Schwangerschaft habe auch ich immer noch sehr viele Drogen konsumiert. Damals spielte für mich die Frage „Wie ist mein Verhältnis zu Drogen?" weniger die Rolle, denn mir war klar, was für mich auf dem Plan stand. Dafür spielte die Frage „Wie ist mein Verhältnis zum Baby in meinem Bauch?" eine wichtige Rolle. Denn die Beziehung war zunächst nicht gut. Ich hatte überhaupt keinen Bezug zum Baby. Allerdings kam mir auch zu keiner Sekunde in den Sinn, mein Neugeborenes nach der Geburt weggeben zu wollen.

Bevor ich mich entschied, in die erste Therapie zu gehen, wurde ich sehr krank. Mein ganzer Körper war voller Bakterien und die Mediziner hatten vor, mich intravenös mit Antibiotikum zu versorgen. Das war leider nicht möglich. Meine Venen waren vom Drogenmissbrauch so geschunden, dass ich kaum zu retten war. Irgendwann entschlossen sich die Ärzte dann zu einem recht unkonventionellen Schritt und legten mir einen zentralen Venenkatheter am Hals, was Stunden gedauert haben soll, bis ihnen dies gelungen war.

Wenn von meinem Lebensmut zu dieser Zeit noch etwas übrig gewesen sein sollte, hatte ich ihn zumindest an dieser Stelle verloren. Irgendwann wollte ich nicht mehr sein. Es lag in diesem Moment nicht am Baby, das da in mir heranreifte und das für mich kaum greifbar war. Ich wollte dieses jämmerliche Leben, mein Leben voller Schmerzen, Entzugserscheinungen und Entbehrungen loswerden, hatte keine Lust mehr, ständig krank zu sein und vor allem kein Zuhause zu haben.

Während der Therapie kämpfte ich zweimal mit einer schweren Thrombose – eine sehr harte Erfahrung: Blutgerinnsel führen zu Gefäßverengungen, die wiederum zu mangelhafter Durchblutung der Arterien führen und tödlich enden können. Bei mir handelte es sich um eine Beinbeckenvenenthrombose. Zwei Wochen durfte ich nicht aufstehen und hatte ein wahnsinnig dickes Bein.

Es war die erste Therapie, zu der ich mich angemeldet hatte und die ich während der Schwangerschaft besuchte. Mein damaliger Freund begleitete mich dorthin, doch wir blieben nur kurz in Behandlung: Wir flogen raus, weil wir kifften.

Und noch ein Versuch: Die nächste Therapieeinheit und mit ihr die erste vollständige Entgiftung gelang unter höchster emotionaler Belastung. Endlich waren wir clean. Doch die Schatten der Vergangenheit wollten uns nicht loslassen. Wir brauchten Geld, starteten eine illegale Aktion, auf die ich an dieser Stelle nicht weiter eingehen möchte, bei der ich jedoch erwischt und verhaftet wurde. Eine Geldstrafe war noch offen und hätte längst beglichen sein müssen. Und als besagter Ex-Freund das Geld aufgetrieben hatte, um mich auszulösen, war meine einjährige Bewährung von den Verantwortlichen längst widerrufen worden und ich musste ins Gefängnis. Glücklicherweise brauchte ich mich nicht durch einen kalten Entzug quälen, den vermutlich schon so mancher hinter schwedischen Gardinen durchgemacht hat. Doch der Vollzug der Strafe in der JVA Hahnöfersand war dennoch eine Qual.

Zwar hatte ich nun ein Dach über dem Kopf – zu dieser Zeit war ich ja noch obdachlos, schlug mich durchs Leben, übernachtete ab und zu mal in einem heruntergekommenen Hotel, doch es war furchtbar, eingesperrt zu sein. Den Himmel in seiner ganzen Pracht sah ich nur, wenn ich eine Stunde meine Hofrunde drehte.

Dass ich meine Schwangerschaft, eine Zeit, die werdende Mütter oft als die schönste Zeit in ihrem Leben beschreiben, im Gefängnis verbringen musste, hatte ich mir selbst zuzuschreiben. Den 6. Monat meiner Schwangerschaft verbrachte ich in meiner Zelle, die umgeben von dicken Gefängnismauern meine Bewegungsfreiheit unmöglich machten. Dies sollte sich auch bis zur

Geburt meiner Tochter nicht verändern. Hier im Knast bekam ich durch meinen wachsenden Bauch einen Schimmer davon, dass ich bald Mutter werden würde. Ich freute mich darauf, doch ich hatte auch wahnsinnige Angst vor der Verantwortung und allem, was auf mich zukommen würde.

Wochen später lag ich, auf dem Weg in den Kreißsaal, festgekettet an meinem Bett, das von Pflegern geschoben und von Beamten bewacht wurde. Und plötzlich eine Überraschung: Eine der Beamtinnen, die mich begleitete, sagte mir: „Wir haben jetzt den Rest zur Bewährung umgewandelt. Sie sind frei." Kurz nachdem sie mir meine Freiheit unter Vorbehalt attestierte, fragte sie, ob sie mich noch in den Kreißsaal begleiten dürfte.

Vermutlich war es meiner extrem emotionalen Anspannung zuzuschreiben, dass ich sie fassungslos anstarrte und sie anfuhr: „Nein, Sie können einfach nur noch verschwinden." Das werde ich nie vergessen. Auch wenn ich mir aus heutiger Sicht vorstellen kann, dass sie es aus Freundlichkeit und Mitgefühl anbot, da die Geburt des ersten Kindes in der Fremde und ganz allein sicherlich einigen gewaltige Angst eingeflößt hätte.

Im Kreißsaal setzte sich die Anspannung fort. Die Geburt lief alles andere als normal ab. Und irgendwann entschied der verantwortliche Arzt, dass man um einen Kaiserschnitt nicht herumkommen würde. Gesagt, getan. Niemand war bei mir, als die Spinalanästhesie anstand, meine Rückenmarksnerven durch Spritzen betäubt wurden und meine Tochter schließlich das Licht der Welt erblickte. Meine Sarah. Endlich war sie da. Doch was war das? Die Ärzte zeigten mir mein Kind und eilten mit Sarah davon. Sie wurde auf die Intensivstation gebracht, um zu prüfen, ob alles ok bei ihr war.

Obwohl ich mir nicht viel merken konnte, weiß ich noch immer, dass die Uhr in diesem Moment 17:20 Uhr anzeigte. Und wieder gesehen habe ich meine Sarah erst am nächsten Morgen.

Ich empfand eine unbeschreibliche Hilflosigkeit, die keine Mutter erleben sollte.

Mutter. Nun war ich also Mutter. Das realisierte ich langsam, als ich Sarah in meinen Armen hielt. Erst in diesem Moment konnte ich mich endgültig für mein Kind entscheiden. Und erst ab diesem Moment habe ich alles dafür getan, um sie behalten zu können. Dazu gehörte es auch, ein drogenfreies Leben zu führen, den Rauschmitteln ein für alle Mal den Rücken zu kehren.

Drogenfreies Kinderglück

Was kommt dir in den Sinn, wenn du dieses Kapitel auf dich wirken lässt? Worüber denkst du nach? Wie setzt du dich mit dir auseinander? Birgit Möller freut sich auf Feedback und Fragen.

autorenclub.de/bm/2

Über den Zugang zur Internetseite der Autorin lassen sich die einzelnen Buchkapitel kommentieren. Neben Feedbacks sind auch Fragestellungen möglich, die die Autorin per Sprachnachricht oder E-Mail beantworten wird.

Entscheide selbst, ob du Birgit Möller persönlich Feedback geben möchtest oder deine Meinung mit der gesamten Leserschaft teilst. Wenn Fragen zur Interaktion mit der Autorin aufkommen, beantwortet unser Verlagsteam diese gerne unter: leserfragen@marianprill-verlag.de

Der erste Schritt ist getan: Kündigung mit Happy End

„Was Birgit Möller anfasst, wird zu Gold“, hat Malgorzata Turski einst gesagt und beschrieben, was ich als schmeichelhaft empfand: „Birgit ist sehr überzeugend und das, was sie macht, ist immer von Erfolg gekrönt. Deswegen folge ich ihr überall hin. Man sagt, es gibt keine Zufälle. Deshalb glaube ich, sie sollte in mein Leben treten.“

Ich habe mit Malgorzata gearbeitet, nachdem ich bei einer meiner Schulungen in Stuttgart bemerkte, dass es ihr nicht besonders gut ging und sie mit ihren Gedanken weit entfernt zu sein schien. Als ich sie nach ihrem Befinden fragte, platzte es aus ihr heraus:

„Ich wurde gekündigt, Birgit. Was soll ich jetzt bloß tun?“

Es stellte sich heraus, dass der Vermieter ihres Ladenlokals in der Münchner Innenstadt mit der Gewerbeimmobilie anderes im Sinn hatte, als dort von meiner Kundin weitere kosmetische Anwendungen praktizieren zu lassen. Ganze neun Jahre hatte sie dort gearbeitet und nun hatte sie sechs Monate Zeit, um sich eine neue geschäftliche Bleibe zu suchen. Die Kündigung war für den 01.04.2020 ausgesprochen.

Malgorzata stellte mir, vor allem aber sich selbst viele Fragen: „Was mache ich jetzt? Muss ich jetzt aufgeben, alles schließen und weglaufen? Wie soll ich in München jemals noch einmal solch tolle Räume finden, wie diese?“ Die Verzweiflung stand der Frau, die schon lange Jahre die kosmetischen Produkte meiner Firma bezog, ins Gesicht geschrieben. Und das wiederum wollte ich nicht so stehen lassen.

Ich hatte für Malgorzata eine schnelle, kurze Lebenshilfe im Sinn, einen Crashkurs „Thinking Into Results". Wir suchten uns eine ruhige Ecke im Kongresshotel und begannen in der Kaffeepause damit, ihre Gedanken in die richtigen Bahnen zu lenken. Dafür benötigten wir nicht mehr als einen Zettel und einen Stift. Ich bat Malgorzata darum, einen ersten Satz aufs Papier zu schreiben:

„Ich bin so glücklich und dankbar, dass ich diese Räume bezogen habe."

Sie sah mich zunächst irritiert an, setzte den Stift aufs Blatt und schrieb, während ich ihr erklärte, dass es wichtig wäre, die Dinge so zu formulieren, als seien sie bereits geschehen. Auf diese Weise lässt sich das Unterbewusstsein mit den für die Situation passenden Signalen programmieren.

Malgorzata schrieb auf, welche Dimension die Räume haben sollen, was sie kosten werden und wann sie einzieht. Schließlich stand auf dem Zettel:

„Ich bin so glücklich und dankbar, dass ich am 01.03.2020 meine neuen Räume mit 70 Quadratmetern in München bezogen habe. Diese Räume habe ich ohne Zahlung einer Maklergebühr erhalten."

Auf einem zweiten Zettel war zu lesen: „Ich bin so glücklich und dankbar, dass ich am 01.03.2020 meine neuen Räume mit 70 Quadratmetern in München beziehe."

Ich sprach Malgorzata gut zu, denn mir war eines klar: „Die Räume gibt es schon, du musst sie nur finden." Die Verzweiflung wich und ein Hauch der Hoffnung entfaltete sich in ihrem Gesicht.

Ich erzählte ihr, dass ich mich schon länger mit dieser Thematik beschäftigte. Ich selbst hatte zahlreiche Seminare besucht, in denen Wünsche und Dankbarkeit auf der Agenda standen und hatte selbst schon zahllose Erfahrungen gesammelt, dass die Dinge eintreten, die man mental – aktiv und kontinuierlich – bearbeitet.

In Malgorzatas Fall riet ich dazu, die Zettel stets bei sich zu tragen, was sie auch tat. Nur so könnte eintreten, auf was sie sich konzentrierte.

Ich erzählte ihr aus meiner Vergangenheit, riss kurz an, wie ich mich aus den Ketten meiner persönlichen Untiefen befreien konnte und durch das immer stärker werdende Vertrauen in die eigene Kraft aufstieg. Meine Gesprächspartnerin erfuhr durch meine Erzählung einen Perspektivwechsel. Plötzlich wurde ihr Problem deutlich kleiner.

Ich konnte ihr die Überraschung ansehen, denn sie hatte nie erwartet, dass die Unternehmerin, die in der Pause zwischen zwei Schulungsabschnitten mit einem Kaffee in der Hand neben ihr saß, mal als Junkie auf der Straße gelebt hatte und schwere Drogenprobleme hatte. Wer hätte dieser auf der Straße lebenden Frau zugetraut, voll ins Wirtschaftsleben einzusteigen?

Am 01.03.2020 bezog Malgorzata ihre neuen Räumlichkeiten.

Sie waren schöner, als sie gedacht hätte, zwar etwas teurer als erwartet, gleichzeitig aber auch größer als geplant. Sie entsprachen dem Preis-Leistungs-Verhältnis, das wir im Kongresshotel in Stuttgart schriftlich fixiert hatten.

Voller Stolz rief mich Malgorzata eines Tages an und berichtete von ihrem Erfolg. Ich freute mich für sie, gratulierte ihr und erinnerte sie an unser Gespräch, in dem ich ihr versprochen hatte, dass das Vorhaben gelingen würde. Wir hatten uns seit dem letzten Treffen nicht mehr gesehen und so wollte ich natürlich wissen, wie es zum neuen Ladenlokal kam. Malgorzata erzählte mir:

„Als ich im Hotel mit meinem Zettel zu meinem Platz zurückgegangen bin, war ich schon viel ruhiger. Ich dachte, mein Problem ist fast gelöst. Denn nun kannte ich mein Ziel, wusste, dass mir ein Umzug bevorstand. Nur wohin? Ich wusste auch, dass mein Ziel nicht irgendeine Fantasie war. So habe ich es verstanden und angenommen. Und der Idee folgten dann Taten.

Um auf Nummer sicherzugehen, schaltete ich zwei Makler ein. Wir suchten zu dritt. Und ich habe die Immobilie bei ebay-Kleinanzeigen gefunden.

Ich suchte Tag und Nacht: nach dem Aufwachen, vor dem Einschlafen, bei der Arbeit und in der Pause. Ich habe so oft und überall geschaut. Sechs Räumlichkeiten habe ich mir angesehen. Und Nummer Sieben ist es dann geworden. Mir schlug das Herz bis zum Hals, als sich die Tür in der Münchner Spitzwegstraße 6 öffnete.

Zuvor hatte ich den Anbieter, meinen heutigen Vermieter, angerufen und er meinte am Telefon verwundert: ‚Ich habe die Anzeige gerade erst eingestellt.'"

Woraufhin Malgorzata antwortete: „Ja, ich weiß, deswegen möchte ich sofort vorbeikommen und mir den Laden ansehen."

„Nach der Besichtigung hatte ich mich noch in Geduld zu üben", erklärte sie mir und erzählte weiter, „der Vermieter meinte, er würde noch schauen wollen, welche Interessenten noch kämen, die möglicherweise geeigneter seien. Kein Wunder: Ich verlangte ihm viel ab. Er sollte die Immobilie zwei Monate zurückstellen, da ich erst dann aus meinem Mietvertrag käme."

Schließlich fügte sich alles zum Guten.

Als ich bemerkte, dass mir das Coachen liegt, wollte ich wissen, ob ich mich als Coach eignen könnte. Ich ging dabei systematisch vor, startete einen kleinen Testballon und fragte bei ausgewählten

Leuten an, ob sie Interesse an einem kostenlosen Coaching hätten. Unter ihnen war auch Malgorzata. Als ich sie fragte, zeigte sie sich offen:

„Selbstverständlich möchte ich dabei sein, Birgit“, sagte sie sofort und lachte, „also eine solche Möglichkeit lasse ich mir nicht entgehen.“ Malgorzata wollte mit dabei sein. Und ich wollte mehr von Malgorzata erfahren, über den Veränderungsprozess, der durch die Sache mit ihrem Ladenlokal in Gang gesetzt wurde.

Drei Monate lang trafen wir uns regelmäßig und besprachen unterschiedliche Themen. Und da gab es einiges:

„Wie du weißt, Birgit, komme ich nicht aus Deutschland. In meinem Land Polen war es eigentlich immer so, dass wir das gemacht haben, was uns gesagt wurde. Ich habe nicht gelernt, selbst für mein Leben verantwortlich zu sein. Meine Eltern gaben mir vor, was ich zu tun hatte. Und erst jetzt ist mir bewusst geworden, dass die Vaterfigur bei mir total ausgelöscht wurde und ich eigentlich keine Erinnerungen mehr an ihn habe. Meine Eltern ließen sich scheiden, als ich zehn Jahre alt war.

Seitdem war meine Mutter allein für mich verantwortlich. Ich gehorchte auch ihr bedingungslos. Auch als ich älter wurde, gelang es mir nicht richtig, mich von ihr abzunabeln. Stattdessen arbeitete ich bei ihr und setzte die Dinge weiterhin so um, wie sie es mir auftrug – praktisch ohne eigenen Willen.

Erst als ich nach Deutschland kam, wurde es anders. Jetzt musste ich alleine denken und lernen, für mich zu sorgen.

Im Nachhinein lässt sich kaum erklären, wieso es so schwer erscheint, sich zu verändern, obwohl es eigentlich so leicht sein kann. Wir tun sehr viele Dinge, bei denen wir nicht darüber nachdenken, warum wir sie tun. Es ist fast wie bei einem Computerprogramm.“

Mit meinen Coachees reise ich gelegentlich in die Kindheit zurück, um festzustellen, was wir aus der Kindheit mitgenommen haben. Unsere Gewohnheiten und unsere Regeln, an die wir uns halten und sie nicht verändern, bremsen uns dabei, nach vorne zu schauen und uns selbst zu verändern.

Malgorzata erzählte mir, dass sie durch dieses Coaching von Stunde zu Stunde, von Sitzung zu Sitzung, mehr über sich lernte und bemerkte, was bis dahin verkehrt gelaufen war.

„Ist es nicht seltsam“, fragte sie mich, „dass Menschen, die sonst äußerst positiv gestimmt sind, so häufig an sich selbst zweifeln?“

„Als Antwort auf das Ungewisse, das Unbekannte sollte man immer auf die Schulterseite schauen, wo das Engelchen sitzt, wo sich Kraft, Freude und Mut sammeln und das Teufelchen ignorieren“, antwortete ich ihr.

Als wir schon ein paar Wochen an Malgorzatas Erneuerung gearbeitet hatten, erzählte sie mir, dass ihr Umfeld eine Veränderung wahrnahm: „Ich kenne viele Menschen, die mich fragten, was ich mache, weil sie bemerkten, dass ich mich irgendwie verändere. Und ich erzählte ihnen von deinem Coaching, Birgit. Sie bestärkten mich darin, weiter zu machen. Es waren Freundinnen von mir, die Ähnliches durchlebt hatten. Sie sagten zu mir: ‚Du bist auf dem richtigen Weg.‘“

Ich wusste nicht, dass so viele Menschen aus meinem eigenen Umfeld selbst begonnen hatten, sich mit ihren Themen auseinanderzusetzen, denn sie hatten mir nie davon erzählt.

Malgorzata verriet mir, dass auch ihre Kinder die neue Einstellung bemerkt hatten:

„Erst dachten sie, Mama spinnt mal wieder. Doch inzwischen visualisiert auch meine Tochter ihre Wünsche. Ich habe ihr gesagt, wenn sie sich vor Augen führt, was sie erreichen möchte, dann wird sie es auch erreichen.“

Nicht nur Malgorzata, auch ich selbst habe noch viele Wünsche und Träume. Zugegeben: Im Vergleich zu meinem früheren Leben sind es Ziele auf hohem Niveau, Dinge, die früher fernab meiner Vorstellungskraft gewesen waren. Ich träume von meinem Haus am Meer. Arbeiten wann ich will und wo ich es will. Was ich noch benötige? Einen Internetzugang. Mehr brauche ich nicht. Ich bin schon jetzt in meinem perfekten Leben angekommen. Besser kann es nur noch werden, wenn ich selbst über 90 Prozent meiner Zeit verfügen kann. Und genau das sieht meine Lebensplanung vor. Selbst entscheiden, was ich tue und vor allem, was ich nicht mehr machen werde. Ich habe einen Teil meines Lebens an die Straße verloren. Einen Null-Acht-Fünfzehn-Job auszuüben, ist inzwischen unvorstellbar für mich geworden.

Wenn ich Lust habe, etwas ganz anderes zu machen als Kosmetikartikel zu entwickeln und zu verkaufen, dann will ich das auch umsetzen können. Das ist mein Ziel.

Auf welchem Kontinent, in welcher Region und an welchem Strandabschnitt mein Haus auf mich wartet, ist für mich im Moment noch ungewiss. Ich sehe mich in meiner Vorstellung aber schon in einem Landcruiser durch verschiedene Orte fahren und Häuser besichtigen. Die Immobilie, die für mich gemacht ist, werde ich sofort erkennen. Morgens mit dem Wellenrauschen aufzuwachen, wird mir große Freude machen. In meinem Haus wird alles hell und lichtdurchflutet, freundlich und großzügig eingerichtet sein.

Coachings halte ich per Videotelefonie am Meer ab, um die Momente mit meinen Coachees zu teilen und wenn es zu windig ist, dann eben im Wintergarten mit Blick aufs Meer.

Der erste Schritt ist getan

Was kommt dir in den Sinn, wenn du dieses Kapitel auf dich wirken lässt? Worüber denkst du nach? Wie setzt du dich mit dir auseinander? Birgit Möller freut sich auf Feedback und Fragen.

autorenclub.de/bm/3

Über den Zugang zur Internetseite der Autorin lassen sich die einzelnen Buchkapitel kommentieren. Neben Feedbacks sind auch Fragestellungen möglich, die die Autorin per Sprachnachricht oder E-Mail beantworten wird.

Entscheide selbst, ob du Birgit Möller persönlich Feedback geben möchtest oder deine Meinung mit der gesamten Leserschaft teilst. Wenn Fragen zur Interaktion mit der Autorin aufkommen, beantwortet unser Verlagsteam diese gerne unter: leserfragen@marianprill-verlag.de

Abbiegen in die Straße des Erfolgs: „Himmlisch herzlich by Birgit Möller"

Es war ein lauer Sommerabend des Jahres 2019. Ich saß auf unserer Terrasse, die Sonne schickte ein paar letzte warme Strahlen vom Himmel und ich tat etwas, das ich zuvor eigentlich noch nie gemacht hatte: Ich sah mir eine volle Stunde ein Online-Video an. Eine Werbeanzeige hatte meine Aufmerksamkeit geweckt und das Video verzauberte mich. Eine Stunde lauschte ich einem Mann, der mich mit seiner wunderbaren Stimme regelrecht gefangen nahm.

Die Stimme gehörte Bob Proctor, einem damals 84-Jährigen, der weiß, wie geschäftliche Netzwerke funktionieren und so aufzubauen sind, dass sie extrem profitabel werden. Heute weiß ich: Bob Proctor ist Multimillionär. Der Mann versteht also etwas von seinem Geschäft. Und ich? Ich saß da und war fasziniert.

Kein Wunder: Was Bob erzählte, stimmte völlig mit meinen Erfahrungen und Vorstellungen überein. Ich wunderte mich, wie er die Dinge so präzise auf den Punkt bringen konnte. Weil ich mich immer sehr schnell entscheide, war mir sofort klar, dass ich von Bob Proctor lernen möchte. Zum Netzwerk, das er in einem knappen halben Jahrhundert um sich herum aufgebaut hatte, gehören tausende Consultants. Sie alle sind als Lizenznehmer berechtigt, die Erkenntnisse des Lizenzgebers an Menschen weiterzugeben, die ihr Leben besser organisieren wollen. Dazu ist es für sie wichtig, die Denkrichtung zu ändern.

Zu seinen Firmen Proctor Gallagher Institute, das er mit seiner Geschäftspartnerin Sandy Gallagher gegründet hatte und LifeSuccess Productions gehören riesige Teams, die die verschiedenen Aufgaben übernehmen – unter anderem die Kundengewinnung. Ich sprach mit Marisa vom Sales Team. Sie begrüßte mich nett am Telefon, machte mir gekonnt charmant den Nutzen des Coachingprogramms schmackhaft und erklärte den Ablauf. Ich nahm das Angebot an, befolgte die Anweisungen und stieß somit kurze Zeit später auf das Programm „Thinking Into Results". Weil dieses eine deutlich intensivere Begleitung versprach, breitete sich in mir das Bedürfnis aus, dabei sein zu wollen. Dieses Programm geht über das Coaching weit hinaus. Man wird als Consultant Teil der Procter'schen Bewegung. Und das war genau nach meinem Geschmack.

Ich vereinbarte also erneut einen Telefontermin mit Marisa und startete etwa 60 Minuten später die teuerste Ausbildung meines Lebens. Sie verlangte mir eine Investition von 30.000,- Euro ab.

Zwölf Videos geballten Wissens warteten auf mich, um zu lernen, welche Prozesse eingeleitet werden müssen, um gewünschte Ergebnisse zu erzielen. Eine Fülle von Anweisungen und Beispielen sind in einer vorgegebenen Zeit abzuarbeiten: Pro Lektion sind zwei Wochen vorgesehen. Die gesamte Bearbeitungszeit ist auf sechs Monate limitiert. Kein Wunder: Es heißt „Thinking Into Results" – der Name ist Programm, das Gebot der Stunde: Die Inhalte verstehen und verinnerlichen.

Weil ich zwischenzeitlich eine Phase hatte, in der es turbulent zuging und ich dementsprechend keine Zeit hatte, mich weiter um meine Aufgaben zu kümmern, erkaufte ich mir Zeit, verlängerte das Programm gegen Gebühr. Von Anfang an wusste ich, dass eine Menge Arbeit auf mich zukommt. Und so war es auch: Das Filmmaterial durcharbeiten, reflektieren, ein Resümee dazu schreiben und Videos drehen, um meine Fortschritte mit dem Team in Übersee zu teilen – das waren die Voraussetzungen, um eine Consultants-Zertifizierung zu bekommen.

Und so beendete ich schließlich die zwölf Lektionen und bin inzwischen als Lizenznehmerin dazu berechtigt, meinen Klienten den Mitgliedsbereich zu öffnen und ihnen den Zugang zum entscheidenden Wissen zu ermöglichen und sie bei ihrer Reise durch die neuen Erkenntnisse persönlich zu begleiten. Das ist eine Aufgabe, die mir besonders viel Spaß macht. Bobs Videomaterial habe ich in meinem Programm „Himmlisch herzlich by Birgit Möller" als Begleitmaterial platziert, um in meinen Coachings persönlichen Gesprächen Impulse zu liefern.

Der eingangs erwähnte Zauber von Bob Proctors Performance ist auch nach Jahren nicht verblasst. Ich bewundere ihn nach wie vor für seine Energie und sein Charisma. Beides hat er sich auch mit 86 Jahren bewahrt und steht noch immer voll im Business.

Dennoch wunderte sich einer meiner Gesprächspartner vor einiger Zeit über meine Antwort auf seine Frage, ob ich mit Blick auf meine berufliche Karriere heute noch einmal alles so machen würde, wie ich es tat. Ich erzählte ihm, dass ich wahrscheinlich auf das kostenintensive Programm von Bob Proctor verzichtet hätte. Ja, einerseits kann ich es nun für den Bruchteil der Kosten anbieten und es lohnt sich garantiert für Menschen, die sich auf den Weg machen wollen, die eigene Gedankenwelt zu erforschen. Das hat Malgorzatas Beispiel bewiesen. Jedoch glaube ich auf der anderen Seite auch, dass ich schon im Jahr 2019 über die Ausstattung verfügt habe, um Menschen dabei zu helfen, ihren Weg zu gehen – und dies vermutlich auch ohne das Programm. Denn im Prinzip hatte ich zu diesem Zeitpunkt vieles angewendet, ohne davon zu wissen.

Bei „Thinking Into Results" handelt es sich um universelles Wissen, präzise formuliert und in Themenbereiche strukturiert. Durch den Aufbau meines Unternehmens hatte ich bereits zahlreiche Erfahrungen gesammelt, die sich damit deckten. In meinem Fall wirkte das Programm eher verstärkend. Und dies mache ich mir durch einen lebenslangen Zugang zum Programm selbstverständlich auch zu Nutze: Ich habe mir die Videos oft angesehen und werde immer wieder an deren Wirkung erinnert. Wir sind Menschen und es gibt immer mal wieder Phasen im Leben, in denen manche Dinge nicht so gut laufen, wie man es sich wünscht. Dann tut eine Erinnerung an das Wesentliche gut.

Rückwirkend betrachtet, glaube ich, dass ich das große Programm gebucht habe, weil ich mir zu diesem Zeitpunkt nicht zugetraut hatte, Menschen zu coachen. Ich dachte, ich müsse zunächst Teil von etwas Großem sein, um überhaupt die Berechtigung zu haben, dies zu tun. Für mich war es also mehr eine Art Legitimation, in gewisser Weise eine Art Gehhilfe, um damit an das vermeintliche Privileg zu gelangen, Coachings anbieten zu dürfen. Heute bin ich mir relativ sicher, dass es die Geister meiner dunklen Vergangenheit waren, die mich auf dem Boden der Tatsachen hielten.

Schon in den ersten Testcoachings bemerkte ich ja, dass das, was ich machte, genau das war, was ich konnte und wollte. Und daran hat sich absolut nichts geändert. Ich muss dazu sagen, dass ich persönlich kleine und feine Coachings bevorzuge. Es muss nicht eine riesige Online-Veranstaltung sein, in der ich naturgemäß nicht auf die Bedürfnisse der einzelnen Teilnehmerinnen und Teilnehmer eingehen kann. Was hätten sie sonst davon? Ein paar Impulse? Entspricht das dem Geldwert, den sie bezahlen? Das wäre mir einfach nicht genug.

Mir ist der Wert, den ich erbringe, sehr wichtig. Ich wünsche mir, dass die Menschen, mit denen ich arbeite, hinterher begeistert sind, nachhaltig anwenden können, was wir zusammen entdeckt haben. Ich möchte meinen Coachees helfen, zügig voranzukommen, weil ich weiß, dass Veränderung eine Kopfsache ist.

Ist der raketenmäßige Aufstieg einer Frau, die auf der Straße lebte, Drogen nahm und bettelte und schließlich 30.000,- Euro in eine Weiterbildung investierte, nicht das beste Vorbild?

Wenn Menschen sich entwickeln wollen, müssen sie keineswegs ganz weit unten sein, um ganz weit nach oben aufzusteigen, was auch immer das für die betreffenden Personen im Konkreten bedeutet. Es geht darum, glücklich zu werden, die innere Mitte zu finden, sich gut zu fühlen, zufrieden zu sein und das alles auf das unmittelbare Umfeld auszustrahlen.

Kleine Korrekturen, die sich durch die richtigen Stellschrauben bewerkstelligen lassen, führen dann im Laufe der Zeit zu perfekten Ergebnissen. Das ist der Kern sowohl von „Himmlisch herzlich by Birgit Möller“ als auch der Kern von „Thinking Into Results“. In meiner Welt sind Probleme künftige Lösungen. Mit dem übernommenen und den selbst kreierten Programmen schaffen meine Coachees das, wofür ich 15 Jahre gebraucht habe. Eben nur viel schneller.

Abbiegen in die Straße des Erfolgs

Was kommt dir in den Sinn, wenn du dieses Kapitel auf dich wirken lässt? Worüber denkst du nach? Wie setzt du dich mit dir auseinander? Birgit Möller freut sich auf Feedback und Fragen.

autorenclub.de/bm/4

Über den Zugang zur Internetseite der Autorin lassen sich die einzelnen Buchkapitel kommentieren. Neben Feedbacks sind auch Fragestellungen möglich, die die Autorin per Sprachnachricht oder E-Mail beantworten wird.

Entscheide selbst, ob du Birgit Möller persönlich Feedback geben möchtest oder deine Meinung mit der gesamten Leserschaft teilst. Wenn Fragen zur Interaktion mit der Autorin aufkommen, beantwortet unser Verlagsteam diese gerne unter: leserfragen@marianprill-verlag.de

Mangelerscheinung Geld: Das Desaster mit dem Zaster

Vor langer Zeit wollte mich eine Mitarbeiterin bestehlen. Dies bekam ich mehr oder weniger durch Zufall mit. Ich fuhr in den Laden, weil ich noch etwas Wichtiges zu erledigen hatte. Eine unserer Kundinnen, die dafür bekannt ist, sehr viele Anwendungen in Anspruch zu nehmen und die bei jedem Besuch um die 500,- Euro bei uns bezahlte, hatte offenbar einen frühen Termin gebucht und sich gerade verabschiedet. Deshalb wunderte mich, dass an jenem besagten Vormittag nur 400,- Euro in der Kasse vorzufinden waren, während 100,- Euro daneben lagen und von Papier überdeckt waren. Für mich sah es danach aus, als würde das Geld beiseite geschafft worden sein, um den Besitzer zu wechseln. Wegen dieser Unregelmäßigkeit sprach ich meine Mitarbeiterin an und bat sie zum Gespräch. Sie entschuldigte sich zunächst und suchte das stille Örtchen auf.

Als wir schließlich auf dem Balkon saßen und ich mich erkundigte, wieso der Kundenumsatz diesmal deutlich kleiner ausgefallen sei, erklärte die Mitarbeiterin, dass sie davon nichts wüsste, sie noch gar nicht an der Kasse gewesen sei. Um ihr die Möglichkeit zu geben, die Sache aufzuklären, fragte ich, ob sie einverstanden sei, dass ich ihre Kundin anrufe. Sie wirkte nervös, willigte aber ein. Das Telefon der Kundin klingelte nur einmal, bevor sie das Gespräch annahm. Ich beschrieb ihr, dass etwas mit der Summe in der Kasse nicht stimme und fragte sie, wie viel sie bezahlt habe. Daraufhin antwortete sie kurz und knapp: „400,- Euro“. An dieser Stelle sei erwähnt, dass meine Mitarbeiterin und die Kundin schon lange befreundet waren und es wirkte so, als habe meine Mitarbeiterin einen Notruf vom stillen Örtchen abgesetzt. Und nun schien es weiter, als würde die Kundin für sie in die Bresche springen. Als sie jedoch erfuhr, dass weitere 100,- Euro nicht in, dafür aber neben der Kasse lagen und damit relativ eindeutig ihrem Einkauf zuzuordnen seien, wurde sie unruhig und fahrig. Ich bedankte mich für die Auskunft und verabschiedete mich von ihr. Für mich war die Sache damit klar.

Ich blieb ruhig und sagte meiner Mitarbeiterin, dass ich den Versuch, mich zu bestehlen oder möglicherweise zuvor bereits geglückte Diebstähle, nicht in Ordnung finde. Zwei Tage erschien sie noch, dann meldete sie sich krank. Es zogen Wochen und Monate ins Land, doch die gemeldete Krankheit ebbte nicht ab. Ich hatte kein Interesse daran, sie zu entlassen und wartete auf eine Aussprache. Ich hatte mit einer Entschuldigung gerechnet, denn damit wäre die Sache für mich vom Tisch gewesen.

Das Ende vom Lied: Sie hat sich anderthalb Jahre krankschreiben lassen und schließlich mussten wir sie kündigen. Es gab keine Aussprache mehr zwischen ihr und mir, was ich schade finde. Ich wusste, dass sie in finanziellen Schwierigkeiten steckte und wenn sie offen und ehrlich zu mir gewesen wäre, hätte ich sie sicherlich auch unterstützt.

In diesem Zusammenhang möchte ich noch eine Sache hinzufügen, denn ich glaube, dass alles, was man im Leben tut, in irgendeiner Art und Weise zurückbekommt. Es ist mehr eine These, die vielleicht nicht jeder nachvollziehen kann und die ich genauso wenig belegen kann. Auch ich habe während meiner Drogenzeit sehr vielen Menschen Unrecht getan. Und ich hatte das Gefühl, hier wurde mir dies noch einmal sehr deutlich vor Augen geführt. Ich bin davon überzeugt, dass es überhaupt keine Rolle spielt, wie viel Zeit dazwischen vergeht. Jeder Gedanke, den wir aussenden, manifestiert sich. Und alles, was wir tun, wird irgendwann zurückgezahlt – positiv und auch negativ. So betrachtet, hatte ich an dieser Erfahrung auch einen Anteil daran, dass passierte, was ich mit dieser Mitarbeiterin erlebte.

Ich muss zugeben, dass ich mit mir gehadert habe, diesen Teil ins Buch einzuarbeiten, weil ich denke, dass Menschen die ein hohes Bewusstsein haben, eine ähnliche Sicht auf die Dinge haben. Ich habe mich geschämt und mich mit meiner Scham sehr intensiv auseinandergesetzt. Aber es ist einfach so: Ich habe selbst viele schreckliche Dinge während meiner Sucht getan, um an Geld zu kommen. Und wenn mir Menschen begegnen, die finanziell in Schwierigkeiten stecken, empfinde ich großes Mitgefühl mit ihnen. Ich weiß, welche Entbehrungen mit erheblichem Geldmangel verbunden sind.

In den Zeiten meiner Drogensucht verfügte ich zunächst noch über ausreichend Mittel. Doch die Beträge, die ich für den nächsten Rausch benötigte, wurden immer größer und mein Kontostand von Tag zu Tag immer geringer. Es dauerte nicht lange, bis die Sucht meinen kompletten Tagesablauf bestimmte. Weil ich mich nicht mehr konzentrieren konnte und unzuverlässig war, verlor ich meine Arbeitsstelle und war schließlich auf das Arbeitsamt angewiesen. Wenn sich das Ende des Monats näherte, lag ich meistens in meinem Bett. Ausgezehrt und schwach, weil ich tagelang nichts gegessen hatte. Gepeinigt von Schmerzen, konnte ich weder stehen noch gehen. Der einzige Lichtblick war der Scheck, der früher oder später vom Arbeitsamt eintraf. Zu dieser Zeit hauste ich in einem Hotel, das diese Bezeichnung nicht verdiente: Es handelte sich um eine heruntergekommene Immobilie, in der Menschen aufeinandertrafen, die den Rand der Gesellschaft darstellten. Und ich gehörte dazu. Ich schleppte mich regelmäßig zur Post, um den Scheck gegen Geld einzutauschen, denn es war an der Zeit, mich erneut zu berauschen. Die nächste Ration Drogen wartete darauf, mich kurzzeitig alles vergessen zu lassen.

Meine Gier, mich leicht und frei zu fühlen und die immer kürzere Wirkungsdauer kollidierten miteinander. Lange konnte ich diesen Zustand nicht aushalten, musste noch viel schneller an Geld kommen. Meine erste Idee war es, mit Drogen zu handeln. Deshalb landete ich später auch im Gefängnis.

Wenn man mich fragen würde, was der dunkelste Moment in meiner Drogenzeit war, dann würde ich antworten: Als ich begann, meinen Körper und mich selbst zu verkaufen. Das war für mich ein wesentlicher Schritt in die Abwärtsspirale. Ich kann mich noch ganz genau an das erste Mal erinnern. Die Dunkelheit begann, als ich in besagtem Hotel auf der Reeperbahn untergebracht war, das man als Obdachloser vom Amt bezahlt bekommt. Ich hatte meine Wohnung längst verloren, kein eigenes Dach mehr über dem Kopf (das erzähle ich jetzt gerade, während ich in einem meiner Geräte liege, in einem unserer Geschäftshäuser, es ist unfassbar. Es ist noch immer unbegreiflich, welchen Weg ich gegangen bin.).

Und so passierte, was passieren musste. Ich lernte ein Geschwisterpaar kennen, zwei sehr junge Frauen, die schon lange ihr Geld damit verdienten, ihre Körper billig an Freier zu verkaufen. Auch sie waren drogenabhängig. Eines Morgens – wir hatten alle kein Geld – luden sie mich ein, sie zu begleiten. Extreme Widerstände bauten sich in mir auf und es war für mich eine unfassbar schwere Entscheidung. Doch am Ende siegte die Sucht und die Gier nach dem nächsten Schuss. Also fuhren wir nach St. Georg, einem zwielichtigen Viertel in Bahnhofsnähe und positionierten uns.

Damals stellte man sich irgendwo hin und wartete auf Freier. Inzwischen ist die Polizei sehr präsent und hat diese „Freiheit“, wenn man sie so nennen will, für Prostituierte stark begrenzt.

Eine der Schwestern suchte sich eine Ecke aus. Die andere nahm mich mit. Wir warteten nicht lange, bis ein Kunde auftauchte und uns beide zu sich ins Auto steigen ließ. Im Bewusstsein, was hier gleich stattfinden würde, drehte sich mir der Magen um. Meine Kumpanin kannte den Mann. Er wiederum erkannte, dass es mir nicht gut ging und erkundigte sich wortkarg, doch bemitleidend: „Dein erstes Mal?“ Ich nickte stumm und er drückte mir 100 Mark in die Hand und sagte, ich könne gehen.

So rücksichtsvoll wie dieser Mann waren nur wenige, die im Viertel verkehrten: Ich habe wirklich in schlimme Abgründe von menschlichen Seelen geguckt. Es war furchtbar, weil ich schon wenige Tage später den Rest meiner Würde, meiner Selbstachtung, verloren hatte. Ich versuchte immer wieder mit dem Dealen von Drogen zu beginnen, um mich aus der Prostitution zu befreien. Doch das war nicht nur nicht einfach, es war schier unmöglich, da man Startkapital benötigt. Und eine drogensüchtige Obdachlose ist und bleibt eine schlechte Geschäftsfrau.

Für Unbeteiligte ist dies vermutlich kaum nachvollziehbar. Doch im Teufelskreis dieser Sucht dreht sich alles stets um eine Frage: „Wo bekomme ich das Geld für meinen nächsten Schuss her?“ Nur das zählt und nichts anderes. Man führt ein Leben, das keines ist und tut alles dafür, um sich vermeintlich aus dem Leid zu befreien. Doch eigentlich manövriert man sich von Tag zu Tag noch viel tiefer in diese Abgründe.

Das erschreckt mich heute selbst. An dieser Stelle muss ich sagen, dass ich immer nur in kleinen Dosen darüber sprechen kann. Es fällt mir ganz und gar nicht leicht und ich muss gut auf mich aufpassen.

Manche Menschen haben in meinen Augen sehr komische Fantasien und wollen diese gegen Bezahlung ausleben. Es gibt wirklich sehr merkwürdige Neigungen. Meine Erfahrungen und Erlebnisse aus dieser Zeit habe ich, soweit ich das konnte, aufgearbeitet und anschließend mental konserviert. Ich habe sie ins Archiv meines Unterbewusstseins verfrachtet. Vieles würde ich gerne ein für alle Mal vergessen. Und weil das nur bedingt möglich ist, versuche ich die abgründige Zeit mit schönen und angenehmen Begegnungen zu kompensieren.

Meine Beziehung zu Männern im Allgemeinen habe ich weitestgehend stabilisiert. Zehn Jahre war ich allein, musste mich selbst noch einmal kennenlernen. Jetzt lebe ich seit knapp sechs

Jahren in einer Beziehung mit meinem Freund. Wir haben viel voneinander gelernt und ich glaube, dass unsere Beziehung gut funktioniert, weil wir uns beide sehr viel Freiraum geben. Eine klassische Beziehung, die man nahezu einhundertprozentig, dicht auf dicht, mit Partner oder Partnerin verbringt, wäre mir zu viel. Meinem Freund glücklicherweise auch. Deshalb passen wir gut zusammen.

Mangelerscheinung Geld

Was kommt dir in den Sinn, wenn du dieses Kapitel auf dich wirken lässt? Worüber denkst du nach? Wie setzt du dich mit dir auseinander? Birgit Möller freut sich auf Feedback und Fragen.

autorenclub.de/bm/5

Über den Zugang zur Internetseite der Autorin lassen sich die einzelnen Buchkapitel kommentieren. Neben Feedbacks sind auch Fragestellungen möglich, die die Autorin per Sprachnachricht oder E-Mail beantworten wird.

Entscheide selbst, ob du Birgit Möller persönlich Feedback geben möchtest oder deine Meinung mit der gesamten Leserschaft teilst. Wenn Fragen zur Interaktion mit der Autorin aufkommen, beantwortet unser Verlagsteam diese gerne unter: leserfragen@marianprill-verlag.de

Mit Volldampf in die Bodenlosigkeit: Absturz auf Raten

Ich sitze in meinem Auto und bin auf dem Weg ins Geschäft. Beim Autofahren denke ich oft und viel nach. Und auch heute steigen Emotionen in mir auf. Deshalb liegt mein Diktiergerät auf dem Beifahrersitz neben mir und zeichnet auf, was ich erzähle, während ich fahre. Gerade ist mir eine Geschichte eingefallen, die mich sehr berührt hat. Sie spielte sich so ziemlich zum Ende meiner Drogenzeit ab, kurz bevor ich nicht ganz freiwillig mit dem Teufelszeug aufgehört habe.

Heute vermarkte ich meine Erfindungen und Produkte. Früher jedoch hatte ich, wie schon gesagt, irgendwann nichts anderes mehr anzubieten als meinen Körper. Ich verkaufte damals mich selbst, mit allen Konsequenzen, um an das Kapital für den nächsten Schuss zu kommen. In dieser Zeit passierte eine krasse Story, die mich fast mein Leben gekostet hätte. Im Hamburger Bahnhofsviertel kam ein grüner Mercedes zum Stillstand, aus dem mich ein Fremder zu sich heranwinkte. Ich war bereits auf Entzug, die Schmerzen krochen mir durch die Glieder und ich brauchte dringend Stoff, um meinen Körper zu beruhigen. Und dieser Typ signalisierte mir, dass er das Geld habe, das ich benötigte, um an die Ware zu kommen, die meinen Körper wieder entspannen würde. Wenn auch nur für kurze Zeit.

Also stieg ich ins Auto des Unbekannten und wir fuhren los. Er wollte mich mit zu sich nach Hause nach Wandsbek nehmen. Durch die Aussicht auf Schmerzlinderung wäre ich ihm vermutlich überall hin gefolgt. Bis zu dem Moment, als er sagte: „Wir sind jetzt gleich da.“ Plötzlich überkam mich ein starkes Gefühl, das ich bis dahin nicht kannte. Es war eine Mischung aus Angst und Panik. Trotz meines Entzugs und der Gier nach der nächsten Spritze riss ich die Autotür auf und lief so schnell ich konnte. Der Mann folgte mir nicht, sondern setzte seine Fahrt gemächlich in die andere Richtung fort. Ich schleppte mich zur S-Bahn und fuhr wieder zurück in die Hamburger Innenstadt. Was dann passierte, treibt mir noch heute Gänsehaut auf den ganzen Körper. Etwas später tauchten Polizisten am Straßenstrich auf und warnten alle Mädchen. Die Beamten sagten: „Steigt auf keinen Fall zu Leuten in einen grünen Mercedes. Ein Mann steht im Verdacht, Mädchen umzubringen."

Ich fiel auf die Knie und habe Gott dafür gedankt, dass der Rest von mir stärker als mein Verlangen nach Geld war und ich auf meinen Bauch gehört hatte. Vermutlich gäbe es heute sonst nicht mehr diese Birgit Möller, die in den Autospiegel sieht und sich die Tränen aus den Augen wischt.

Dieser Geschichte, die meinem persönlichen Drogensumpf entspringt, sind hunderte, tausende andere Erlebnisse vorausgegangen. Dazu gehört auch der Anfang meiner „toxischen Karriere": Den Zugang zu den Betäubungsmitteln erhielt ich durch meinen damaligen Freund Jens. Am Anfang waren es zunächst Designerdrogen, die wir nahmen. Und das, obwohl ich zu dieser Zeit ein wirklich gutes Leben führte.

Drehen wir die Zeit ein großes Stück zurück. Meine Schwester und ich lebten in der Nähe von Rüsselsheim bei Mainz, während sich meine Eltern nach einer langen Phase in Hessen entschlossen hatten, wieder nach Hamburg zurückzuziehen. Meine Schwester lernte gerade Versicherungskauffrau und wir bezogen unsere erste gemeinsame Wohnung. Sie war 17, ich selbst 18 Jahre alt. Uns ging es fantastisch. Mit Jens hatte ich meine erste große Liebe kennengelernt.

Und dann, eines Tages, saßen wir in einem Hard Rock Cafe in Frankfurt, als er mir eine Pille präsentierte: ein kleines farbiges Ding, harmlos in ihrer Erscheinung. „Was ist das?“, fragte ich ihn neugierig. Seine Antwort fiel daraufhin knapp aus: „Das sind Amphetamine, das nehmen auch Sportler.“

Wir hatten den Plan, die Nacht zum Tag zu machen und brauchten Energie. Wenn schon Sportler diese Amphetamine nehmen, was soll dann schon passieren?, dachte ich mir. Klingt ja auch irgendwie schon nach Vitaminen. Meine Annahme sollte sich schon bald als Trugschluss herausstellen. Ich schluckte die Tablette und nach einiger Zeit fragte Jens mich: „Merkst du schon etwas?“

„Nein, überhaupt nicht“, antwortete ich meinem Liebsten und schüttelte den Kopf. Was sollte ich auch merken?

Wir beschlossen, aufzubrechen und in einen Club zu gehen. Nach dem Einlass schlenderten wir zur Garderobe und von dort aus an die Bar. Mein Freund bestellte Tequila für uns. Und was dann folgte, werde ich meinen Lebtag nicht vergessen: Als ich ansetzte und trank, machte es wooooooooosh. Es war, als würde ein Blitz in meinen Körper einschlagen. Plötzlich überrollte mich die ganze Wirkung des Ecstasys. Sie überwältigte mich regelrecht. Mein erster Kontakt mit Drogen machte mich nicht fitter, wie ich zunächst angenommen hatte, sondern öffnete mir die Tür in eine völlig neue, unbekannte Welt, die meine eigene komplett aus den Angeln hob. Was für ein Riesen-Kick!

Doch schon bald am nächsten Tag verblasste die Wirkung. Was blieb, war Leere. Bodenlose Leere. Es dauerte nicht lange, bis ich sie durch einen neuen Kick ersetzte. Und wieder. Und wieder und wieder. Anderthalb Jahre schwankte mein Gemüt von himmelhochjauchzend bis zu Tode betrübt. Ich flüchtete mich von einem Rausch zum nächsten. Ich arbeitete nur noch für die Drogen und nahm Drogen bis zur Arbeit. Körper und Geist gewöhnten sich in rasender Geschwindigkeit an den Rauschzustand.

Um einen immer noch besseren Kick zu bekommen, gesellten sich bald schon Speed und Kokain hinzu. Ich musste die Dosis stets steigern. Tat ich es nicht, ging es mir schlecht. Und noch schlechter ging es mir, sobald die Wirkung begann nachzulassen. Das wiederum führte zu unsichtbaren Nebenwirkungen: Denn ich dachte an Selbstmord. Regelmäßig unterlag ich den extremen Stimmungsschwankungen, die mich daran denken ließen, mein Leben zu beenden. In der Konsequenz trennte ich mich schließlich von Jens. Die gemeinsame Sucht hatte unsere Verbindung beschädigt. Das Beziehungsaus war auch gleichzeitig der Anfang vom Ende.

Irgendwann fand ich mich mit einer Freundin in einem Auto wieder, mit dem Reiseziel Amsterdam. Die Menschen, die uns durch die Stadt fahren sahen, sahen zwei junge Frauen, die wahrscheinlich mehr Mädchen als Frauen waren. Und wir? Wir fühlten uns wie Großdealer. Denn wir planten in der holländischen Hauptstadt Ecstasy im großen Stil einzukaufen und damit in Deutschland viel Geld zu verdienen. Natürlich kannten wir niemanden und so entschlossen wir uns, in einer Diskothek Kontakte aufzubauen. Wir lernten zwei Männer afrikanischer Herkunft kennen, die uns vermittelten, dass sie uns die gewünschte Ware besorgen könnten. „Kein Problem, kommt mit zu uns, wir verkaufen euch, was ihr braucht", sagten sie. Also stiegen wir zu den Männern ins Auto und fuhren mit zu ihnen. Als wir den beiden die knarrende Treppe hinauf folgten, beschlich mich ein unangenehmes Gefühl. Ich signalisierte meiner Freundin, dass wir ihnen nicht folgen, stattdessen abhauen sollten. Doch sie flüsterte beruhigend auf mich ein: „Nee, das passt schon. Wir holen das Zeug und dann sind wir wieder weg."

Als wir den Raum betraten, schloss einer der beiden die Tür und verriegelte sie. Mir schoss der Puls in die Höhe: Als mir in Windeseile die Kleider vom Leib gerissen wurden, wurde mir klar, dass wir in diesem Moment Opfer einer brutalen Vergewaltigung werden würden. Minuten später kroch ich auf allen Vieren durch das Bad und flehte meinen Peiniger an, von mir abzulassen, doch das hielt ihn nicht davon ab, weiterzumachen. Die Brutalität, die wir, meine Freundin und ich, über uns ergehen lassen mussten, ist in Worten kaum zu beschreiben. Auf einem Tisch sah ich ein Messer, das ich vermutlich verwendet hätte, wenn ich es geschafft hätte, es zu greifen. Wir konnten tun, was wir wollten, wir saßen fest in der Falle. Ich vergesse nicht die Worte meiner Freundin Verena* (Name geändert):

„Lass sie einfach machen. Dann lassen sie uns gehen."

Mir wird heute immer noch übel, wenn ich darüber nachdenke. Dies war ein dermaßen einschneidendes Erlebnis, weil ich in dieser Nacht das erste Mal komplett meine Würde verloren hatte. Ich fühlte mich schmutzig. Gedemütigt. Und von Ekel überzogen. Alles tat mir weh.

Als wir im Hotel ankamen, duschten wir. Wir versuchten, Scham und Pein von unseren Körpern zu spülen – wir duschten lange, sehr lange. Doch dieser Albtraum blieb mir felsenfest im Gedächtnis. Wir redeten kaum miteinander, konnten uns nicht mehr in die Augen sehen. Am Ende ist auch unsere Freundschaft daran zerbrochen, weil wir uns immer gegenseitig an das schlimmste Ereignis unseres Lebens erinnert haben.

Zurück in Deutschland versuchte ich zu vergessen. Die meisten Leute, mit denen ich nun in Kontakt kam, nahmen bereits Heroin. Und ich kam mit diesem Stoff in Berührung, ohne zu wissen, was das eigentlich war. Ich habe Koks gezogen, was sollte mich nun also noch davon abhalten, mir Heroin zu verabreichen? Nichts.

Heroin ist jedoch eine komplett andere Liga. Heroin ist eine Droge, die dich wirklich alles um dich herum vergessen lässt. Am Anfang fühlte ich mich glücklich, sicher und geborgen. Manche vergleichen den anfänglichen Heroinkonsum mit dem angenommenen Gefühl, wieder im Bauch der eigenen Mutter zu sein, ein warmes Gefühl von Geborgenheit. Das ist der Anfang.

Doch diese Wärme wird schon bald zur Hölle auf Erden: Ich habe wirklich krasse Phasen durchleben müssen. Manchmal habe ich mich tagelang in meiner Wohnung eingeschlossen und konnte nicht mehr rausgehen. Ich schluckte Mengen an Beruhigungstabletten, schreckte nachts aus Träumen hoch und lief barfuß und geistesabwesend auf die Straße, wie mir erzählt wurde. Denn ich hatte zunächst noch Freunde, die sich um mich gekümmert haben.

Die Zeit meiner Drogensucht war eine verlorene Zeit. Aus heutiger Sicht kann ich sicher sagen: Mit Drogen lässt sich kein selbstbestimmtes Leben führen. Niemals. Und weil ich mich heute frei entscheiden kann, spreche ich mich auf jeden Fall gegen Drogen aus. Ich weiß natürlich, dass es Menschen gibt, die dem Reiz, es mal auszuprobieren, nicht widerstehen können.

Daher ist mein erster Tipp für Menschen, die sich schon entschieden haben, Drogen in jedem Fall auszuprobieren, dies auf keinen Fall spontan zu machen, sondern zuvor mit jemandem zu sprechen, der bereits Erfahrungen gesammelt hat. Somit bekommt man eine Entscheidungsgrundlage und kann sich ernsthaft mit den Konsequenzen auseinandersetzen. Nur so lässt sich wirklich frei entscheiden, ob es einen Versuch wert ist oder eben nicht. Wer den harten Drogen verfällt, wird gigantische Energie in die Beschaffung investieren müssen. Auf die schiefe Bahn zu geraten, ist nicht nur wahrscheinlich, sondern nahezu garantiert.

Mein zweiter Tipp: Stecke die Energie, die du in die Drogenbeschaffung stecken müsstest, lieber in die Erfüllung sinnvoller Ziele und in den Aufbau eines selbstbestimmten Lebens. Das ist so unglaublich viel wert. Denn, Tipp drei: Die allerwichtigste Sache, die ich gelernt habe – und das war ein langer Prozess bei mir – ist, dass einfach keine Droge dieser Welt das Gefühl von Freiheit ersetzen kann: Zum großen Teil selbstbestimmt zu handeln, hinzugehen, wohin man möchte und frei entscheiden zu dürfen, ist unbeschreiblich. Das kann mir keine Droge dieser Welt geben. Und ich habe viele ausprobiert. Sehr viele.

Unabhängig zu sein, dieses Gefühl, sich selbst gut zu tun und sich von den Dingen zu verabschieden, die einfach nicht ins eigene Leben passen, wirkt sehr reinigend. Eigentlich hat jeder Mensch die Aufgabe, für sich selbst zu sorgen und kann diese Aufgabe letztendlich auch nur selbst übernehmen. Ich habe gelernt, nach Hilfe zu fragen, was mir zunächst sehr schwer fiel. Und ich habe auch gelernt, Hilfe anzunehmen, ins Vertrauen zu gehen.

Meine tägliche Arbeit besteht eigentlich immer ja auch darin, Konflikte zu lösen. Und warum gelingt mir das immer besser? Ich denke, weil ich mich ausschließlich auf das Positive konzentriere und mir immer vorstelle, wie ich etwas haben möchte, welche Verbesserung eintreten soll und wie ich es mir wünsche. Das erzeugt ein ganz anderes Gefühl in mir und somit sende ich nach außen, was im Inneren heranreift.

Ich habe mir vor einiger Zeit folgende Frage gestellt: Wie habe ich es geschafft, trotz meiner wirklich furchtbaren Erfahrungen wieder ein Mensch mit positiver Einstellung zu werden? Wie schaffe ich es, wieder Vertrauen zu Menschen aufzubauen, statt davon auszugehen, dass sie mir etwas schlechtes wollen oder unehrlich zu mir sind?

Ich glaube, dass ich mein kindliches Vertrauen, trotz all meiner Erlebnisse, bewahrt habe. Dafür bin ich sehr dankbar. Heute ganz besonders. Mit der Zeit wurde in mir das Verlangen immer größer, mich nicht länger damit zu beschäftigen, welche Person ich in der Vergangenheit war, was ich getan und was ich nicht getan habe. Ich verspürte den Wunsch, mich der Birgit von heute zu widmen, die über das Morgen und Übermorgen nachdenkt, Ziele formuliert und danach handelt.

Und seit ich mich aktiv damit beschäftige, wie ich mein Leben gestalten möchte und danach suche, was mich glücklich macht, kann ich meine Gedanken steuern. Ich suche nach meinem Glück. Dazu gehören viel mehr Dinge als nur finanzielle Freiheit. Dazu gehört auch persönliche Freiheit, Gesundheit, das passende private Umfeld, Freunde und Freizeit und viel Spaß und Freude.

Hier angekommen zu sein, wo ich heute stehe, war ein langer Weg. Ich muss zugeben, dass es mir am Anfang ausgesprochen schwer gefallen ist, meine Gedanken zu prüfen, eins mit mir selbst zu werden. Doch inzwischen bin ich in der Gedankenhygiene genauso routiniert, wie bei der Körperpflege. Ich weiß, dass jeder Tag meines Lebens ein Trainingstag ist, an dem ich meine Gedanken zu Höchstleistungen trimmen kann.

In diesem Moment denke ich an Malgorzata. Inzwischen hat sie sich ihr Traumhaus in Polen gekauft und sich damit einen ihrer größten Wünsche erfüllt. Später, wenn sie nicht mehr arbeitet – so hat sie mir erzählt – wird sie in ihre Heimat zurückkehren. Wenn ich mir die Fotos ihres neuen Hauses ansehe und sehe, wie stolz und glücklich sie davor steht, macht mich das sehr zufrieden, da ich mich für die Hilfe aus dem Außen, die mir zuteil wurde, ein Stück weit revanchieren konnte.

Mit Volldampf in die Bodenlosigkeit

Was kommt dir in den Sinn, wenn du dieses Kapitel auf dich wirken lässt? Worüber denkst du nach? Wie setzt du dich mit dir auseinander? Birgit Möller freut sich auf Feedback und Fragen.

autorenclub.de/bm/6

Über den Zugang zur Internetseite der Autorin lassen sich die einzelnen Buchkapitel kommentieren. Neben Feedbacks sind auch Fragestellungen möglich, die die Autorin per Sprachnachricht oder E-Mail beantworten wird.

Entscheide selbst, ob du Birgit Möller persönlich Feedback geben möchtest oder deine Meinung mit der gesamten Leserschaft teilst. Wenn Fragen zur Interaktion mit der Autorin aufkommen, beantwortet unser Verlagsteam diese gerne unter: leserfragen@marianprill-verlag.de

Teufelchen auf der Schulter: Wer nichts macht, macht nichts

Es sind nicht nur die zahlreichen Teufelchen auf der eigenen Schulter, die uns zuflüstern, wieso Dinge nicht funktionieren können. Auch im persönlichen Umfeld sind häufig Blockierer angesiedelt, die erheblichen Einfluss auf unsere Motivation ausüben. Ausgerechnet diejenigen, die dich lieben und vor Schaden bewahren wollen, halten dich häufig davon ab, das Richtige zu tun: „Das kannst du nicht, das darfst du nicht, das solltest du nicht, das macht man nicht." Die Liste der Don'ts ist ellenlang.

Im Volksmund heißt es: „Wer nichts macht, macht nichts verkehrt". Ich bin der Meinung, dass dies nur die halbe Wahrheit ist. Eigentlich halte ich die Wendung für grundauf falsch. Richtig müsste es heißen: „Wer nichts macht, macht nichts." Denn daraus lässt sich besser ableiten, dass diejenigen, die nicht starten, auch kein Ergebnis erwarten dürfen.

Und das ist auch ein Stück weit der Zweck dieses Buchs. Ich bringe es heraus, um jenen Mut zu machen, die spüren, dass es noch etwas anderes in ihrem Leben geben muss. Die merken, dass es ein Fünkchen Energie gibt, das nach Veränderung verlangt. Diesem Funken Raum geben, das ist es, was ich als meine Lebensaufgabe ansehe. Aus kleinen Wünschen sollen große Visionen heranreifen. Das ist möglich.

Ich stellte mir die Frage, wie ich diese Vorgehensweise am besten schwarz auf weiß präsentieren könnte. Dabei war ich glücklicherweise nicht alleine. Zusammen mit Lynn Kühner überlegte ich, wie es gelingen könnte, die „Gedankensteuerung" für Leser nachvollziehbar zu machen. Lynn arbeitet nicht nur als TV- und

Radiojournalistin und Podcasterin, sondern auch als Buchinterviewerin im AutorenClub. Sie unterstützte mich bei meinem Projekt, indem sie mir viele gute Fragen stellte und mir die Inspiration für meine Antworten lieferte, die hier niedergeschrieben stehen.

„Die Gedankenhygiene ist ein sehr spezielles Thema“, sagte ich zu Lynn und erörterte, dass es mir wichtig wäre, ganz konkret zu verdeutlichen, wie vermeintlich unerreichbare Wünsche formuliert werden. Viele Menschen haben sich und andere aufgegeben, sind desillusioniert und haben verlernt oder nie gelernt, wie man sich positioniert.

Zwar reicht das Aussprechen der Wünsche allein nicht aus, um Ziele zu erreichen. Doch es ist der erste und damit wichtigste Schritt: Wer ein Ziel vor Augen hat, kann es erreichen. Wer kein Ziel vor Augen hat, wird nie ankommen. Das ist so sicher, wie das Amen in der Kirche.

Im zweiten Schritt ist für die Zielerreichung natürlich auch wichtig, aktiv zu werden, sich in Bewegung zu setzen. Und diese Schnittstelle ist sehr fehleranfällig. Das kennt vermutlich jeder Mensch: Man hat sich in der Vergangenheit etwas vorgenommen und es nicht geschafft. Kurz und knapp: Man ist gescheitert. Das nagt an der Motivation, sich wieder etwas vorzunehmen. Und umso häufiger Betroffene diese Erfahrung machen, eigene Ziele nicht erreichen, desto größer ist die Furcht vor weiteren Niederlagen. Deshalb machen sie sich erst gar nicht auf den Weg. So einfach ist das. Die Lust am Gewinnen ist deutlich kleiner als die Angst vor der nächsten Enttäuschung. Was die Betroffenen allerdings übersehen: Weil garantiert ist, dass sie ihren Traum nicht verwirklichen können, sind sie schon mit der Entscheidung, nicht zu starten, gescheitert. Lynn nickte zustimmend.

Wir kamen auf die Idee, eine Art Simulation durchzuführen. Lynn übernahm die fiktive Rolle von Lucie, einer jungen Frau, die den Wunsch hat, sich zu verändern und daher ein Coaching beauftragt. Um nicht zu stark auf meine eigene Person zu lenken, bezeichne ich mich in den nächsten Zeilen einfach als Coach. Es geht um die Inhalte, die sich so oder so ähnlich in Gesprächen entwickeln. Das Interview veröffentliche ich in Auszügen nahezu unverändert und kommentiere den Gesprächsverlauf im Nachgang.

Coach: Hallo Lucie, ich freue mich auf unsere heutige Session. Wie geht es dir?

Lucie: Danke, ich mich auch. Gut geht's mir. Danke der Nachfrage.

Coach: Wir haben uns verabredet, weil wir über deine Zukunft sprechen wollen. Du hast mir im Vorgespräch erzählt, dass du dich verändern möchtest. Lass uns in deinen Traum einsteigen, erzähle mir bitte mehr davon, was du erreichen möchtest.

Lucie: Bei meinem Traum, oh Gott. Ich traue mich gar nicht so richtig das auszusprechen, weil es für mich noch weit weg ist. Andererseits ist es irgendwie so, dass ich mir auch gut vorstellen kann, dass ich bis dahin komme. Also: Mein Ziel ist es, innerhalb des nächsten Jahres, ja oder vielleicht auch in zwei Jahren, einen deutschlandweiten Verleih für Hochzeitsdekoration und Hochzeitsgeschirr aufzubauen, ganz alleine. Am liebsten aber innerhalb eines Jahres. Ich denke schon lange darauf herum.

Coach: Wow.

Lucie: Das ist mein Traum. Und bisher ist es auch einfach ein Traum geblieben.

Coach: Hast du eine Erklärung dafür?

Lucie: Ich merke, dass ich im Kopf noch nicht soweit bin. Ich würde gerne starten. Aber ich weiß auch nicht so richtig, wo ich anfangen soll.

Coach: Fehlt dir der Mut, diesen Schritt zu gehen?

Lucie: Wahrscheinlich auch, ja. Ich bin in einer Festanstellung und ich weiß, dass mit einer Selbstständigkeit ein hohes Risiko verbunden ist. Ich bekomme am Anfang nicht viel, muss dafür aber viel investieren.

Coach: Erstmal danke dafür, dass du deinen Traum mit mir geteilt hast, Lucie. Ich schlage vor, dass wir jetzt erst einmal komplett von den Problemen weg und zur Lösung hingehen.

Lucie: Wie genau meinst du das?

Coach: Ich würde gerne dein Bauchgefühl hören. Stelle für einen Moment einfach mal den Kopf aus und erzähle mir, wie dein Leben aussehen würde, wenn dein Traum sich schon verwirklicht hätte. Erzähle mir am besten von einem typischen Tag. Was würdest du heute tun, wenn du diesen Verleih für Hochzeitsdekorationen bereits betreiben würdest?

Lucie: Genau, Hochzeitsdekoration und Geschirr.

Coach: Gut, Hochzeitsdekoration und Geschirr also. Umso genauer du beschreibst, was du anbietest und wie du das machst, desto besser für dich. Denn so tauchst du tief in deine neue Wirklichkeit ein. Erzähle mir deine Gedanken am besten auch in der Gegenwart, als wärst du mitten drin.

Lucie: Gerne. Also im Moment ist es so, dass ich in meiner Festanstellung im Hotel arbeite. Dort an der Rezeption bekomme ich viel von Hochzeitsfeiern mit, weil wir sie ausrichten ...

Coach: Darf ich ganz kurz unterbrechen, Lucie?

Lucie: Ja.

Coach: Lass uns aus deiner jetzigen Situation rausgehen und erzähle mir, wie jetzt ein Tag aussehen würde, wenn du deinen Traum bereits verwirklicht hättest.

Lucie: Okay, ich versuche mich darauf zu konzentrieren.

Coach: Das wäre toll, ja.

Lucie: Also, wenn ich meinen Traum schon erreicht hätte, dann würde ich morgens aufstehen, mich um meine Kinder kümmern und sie in den Kindergarten bringen. Ah, ich soll ja so sprechen, als wäre es schon so, nicht wahr?

Coach: Das wäre wunderbar.

Lucie: Ok, ich stehe jeden Morgen auf, kümmere mich um meine Kinder und bringe sie in den Kindergarten. Ich habe mich für ein Büro in meinem Haus entschieden, weil ich meine Kinder so besser im Blick habe, auch wenn mich unsere Nanny bestens unterstützt. Ich fühle mich wohl in meinem schönen Büro.

Coach: Wie ist es eingerichtet?

Lucie: Oh, es ist wunderschön eingerichtet, hell und geräumig, an den Wänden hängen Bilder von meinen Projekten, die ich bereits umgesetzt habe, Bilder von glücklichen Kunden und erfolgreich ausgerichteten Hochzeitsfeiern. Hier kann ich mich kreativ entfalten.

Coach: Das klingt gut.

Lucie: Ja, in den hellen Schränken hinter mir stehen eigens gestaltete farbige Ordner mit meinen Angeboten und Produkten. Mehr als 2000 unterschiedliche Artikel können sich Hochzeitswillige und deren Angehörige bei mir leihen, um den schönsten Tag ihres Lebens zu erleben. In meinem Büro liebe ich den großen

Schreibtisch. Er ist immer aufgeräumt und es gibt einen kleinen Platz auf ihm für etwas Deko. Ich liebe Hochzeiten und Blumen und das möchte ich auch immer im Blick haben, wenn ich arbeite. Das Büro ist so groß, dass es Platz hat für eine Sitzecke. Dort sitze ich dann mit den Paaren, die sich sechs Monate später das „Ja-Wort" geben wollen. Bevor wir uns besprechen, bewundern fast alle den grandiosen Blumenstrauß, den mein Kooperationspartner regelmäßig erneuert.

Coach: Du kommst richtig in den Flow.

Lucie: Ja, merke ich auch gerade. Also ich hätte es gerne, dass es immer so aussieht, als wäre das Paar bereits auf einer Feier. Alles, was ich live nicht zeigen kann, wird dann über den super ausgerüsteten Arbeitsplatz mit riesigem Bildschirm dargestellt. Dort zeige ich Bewegtbilder und Bilder von erfolgreichen Festen. Ich stelle mir vor, dass ich meine Mails holografisch beantworte. Grundsätzlich wird schon relativ viel automatisiert abgebildet. Ich liebe die glücklichen Kunden und Feiern, doch ich verzichte weitestgehend darauf, jeden Tag die gleichen schriftlichen Anfragen beantworten zu müssen.

Coach: Das ist nachvollziehbar.

Lucie: Ja, stattdessen treffe ich mich lieber mit den Menschen, spreche persönlich mit ihnen. Zu meiner Arbeit gehört natürlich auch, Ausschau nach neuen Trends zu halten, neue Deko-Ideen zu entdecken und mich mit dem Ganzen so auseinanderzusetzen, dass man diese neuen Artikel sinnvoll in Hochzeitsfeierlichkeiten integrieren kann. Und zum anderen habe ich mich natürlich auch um den Vertrieb meiner Produkte zu kümmern. Dazu gehören Gespräche mit Dienstleistern und Kunden. Mit beiden Personengruppen spreche ich über diverse Dekorationskonzepte und bringe die erforderlichen Maßnahmen auf den Weg. Bis zur Mittagszeit. Dann sind meine Kinder wieder bei mir und ich kann mir die Zeit frei einteilen, um ihnen und auch mir selbst gerecht zu werden. Denn auch die Beziehung zu meinem Mann ist mir sehr wichtig.

Coach: Wieviel Geld ist auf deinem Konto?

Lucie: Auf meinem Konto sind aktuell ...

Coach: Nicht aktuell, in der Zukunft.

Lucie: Achso, in Zukunft. Ich kann es nicht an einer genauen Zahl festmachen. Aber es soll so viel Geld da sein, dass ich mir keine Gedanken über irgendwelche Anschaffungen machen muss und dass ich auch weiß, ich könnte meine Kinder und mich alleine durchbringen, auch ohne Mann.

Coach: Interessant.

Lucie: Was denn?

Coach: Du hast mir präzise beschrieben, wie deine Geschäftsräume aussehen. Ich konnte es förmlich vor mir sehen. Du hast mir erklärt, was du deinen Kunden anbietest und grob, wie du dir deinen Tagesablauf vorstellst. Und sogar, dass du holografische Mailprogramme nutzen möchtest. Doch deinen Kontostand der Zukunft enthältst du mir vor. Kannst du dir das erklären?

Lucie: Da erwischt du mich an einem wunden Punkt. Ich glaube, ich traue mich einfach nicht, das so richtig festzumachen, weil ich irgendwie Angst davor habe, dass ich mich dann vielleicht selbst enttäusche, wenn ich es nicht erreiche. Geld ist für mich tatsächlich ein schwieriges Thema, weil ich derzeit finanziell noch sehr abhängig bin.

Coach: Tröste dich, damit bist du in guter Gesellschaft. Viele, viele Menschen haben erhebliche Schwierigkeiten damit, sich auf eine genaue Zahl festzulegen. Doch diese Zahl ist wirklich wichtig. Wenn du erst einmal herausgefunden hast, wie viel Geld du benötigst, dann hast du ein konkretes Ziel vor Augen. Für die Zielerreichung gibt es Werkzeuge, die sich nutzen lassen. Doch an der Errechnung und Benennung deiner persönlichen Wunschsumme kommst du nicht vorbei.

Wie viel Geld benötigst du, um deine Kosten zu decken – sowohl privat als auch beruflich? Wie viel benötigst du darüber hinaus, um zu investieren – in dich selbst und in Projekte, die dir weiteres Geld bringen? Welche persönlichen Träume treiben dich an? Möchtest du verreisen oder dir bestimmte Güter kaufen? Was investierst du in die Zukunft deiner Kinder? All dies sind Summen, die zusammengerechnet deine Wunschsumme ergeben, die monatlich bei dir eintreffen soll. Das kann durchaus auch eine Summe werden, die deinem Jahresgehalt entspricht.

Lucie: Wenn du das so sagst, klingt es leicht und einfach.

Coach: Ich habe 15 Jahre gebraucht, um so weit zu kommen.

Lucie: Das glaube ich dir. Du hast von Werkzeugen gesprochen. Was genau ist damit gemeint?

Coach: Ich kann dir ein Video und Workbook zur Verfügung stellen, die zu einem bestimmten Programm gehören. Wenn du dich mit diesen Medien beschäftigst, wird dir die Geldthematik begegnen. Denn sie ist ein weit verbreitetes Phänomen. Letztlich bekommen wir nur das geliefert, was wir uns wünschen und vornehmen. Kein Ziel, keine Zielerreichung.

Lucie: Das kann ich nachvollziehen.

Coach: Du denkst gut und schnell. Du hast zunächst deine Gedanken sehr vorsichtig, im Konjunktiv und in der Zukunft, ausgedrückt. Und schließlich hast du die Dinge so beschrieben, als wärst du mittendrin. Das solltest du ab sofort täglich umsetzen.

Wenn du deinen absoluten Herzenswunsch ausdrückst, dann gibt es nichts, was du in diesem Zusammenhang zurückhalten solltest. Auch keine Umsatzgröße, die du zum Beispiel mit deiner Geschäftsidee erzielen möchtest.

Sich erst einmal darüber intensiv klar zu werden, ist absolut notwendig, um sich einen Reiseplan zu erstellen. Mit einer guten Reiseplanung ergeben sich Möglichkeiten in deinem Umfeld, die du zuvor für unmöglich gehalten hättest. Das zeigt die Erfahrung. Von Tag zu Tag fügen sich weitere Puzzleteile zusammen. Und eines Tages fragst du dich, was passiert ist und wieso du nicht schon viel früher darauf gekommen bist, so zu handeln wie du handelst.

Lucie nickt nachdenklich.

Coach: Dieses Denken kannst du unlimitiert einsetzen. Es ist unerschöpflich. Vielleicht bemerkst du, dass du einen ganz anderen Herzenswunsch hast.

Wir gehen nun aber erst einmal davon aus, dass die Hochzeitsdekoration dein wirklicher Wunsch ist, der dich total positiv stimmt und dein Leben komplett verändern wird. Einverstanden?

Lucie: Ja, ich kann mir das sehr gut vorstellen.

Coach: Sehr gut. Dann geht es nun darum, in Bewegung zu kommen. Nachdem wir darüber gesprochen haben, die Idee geboren ist, kannst du dir nun einen Stift und einen Zettel schnappen und dir den Wunsch aufschreiben. Formuliere ihn so, als hättest du ihn schon erreicht. Das ist sehr wichtig.

Lucie: Ok, das mache ich sofort.

Coach: Gerne. Aussprechen ist gut. Aufschreiben ist besser. Und Ansehen ist am wichtigsten. Es ist unerlässlich, dass du dir diesen Zettel mehrmals am Tag durchliest. Wann immer du bemerkst, dass sich dir eine Hürde in den Weg stellt, lies dir deine Mission durch und überlege, wie du es anders haben möchtest.

Stelle dir die Frage laut und gib dir laut die Antwort. Dann schreibe sie dir auf und lies sie dir regelmäßig durch. Damit verleihst du deiner Denkweise neue Impulse. Du bemerkst, dass sich dein Denken in eine Richtung verändert, in der du dich nicht mehr darauf konzentrierst, was dich hindert, sondern du dir vorstellst, wie du es haben möchtest. Damit entfesselst du deinen Geist. Limitierungen werden zu Herausforderungen, Grenzen zu schaffbaren Hürden vor Zielerreichungen und du zum größten Wunscherfüller deines Lebens.

Lucie: Das klingt fast zu schön, um wahr zu sein. Ich stelle mir das echt schwierig vor, herauszufinden was mein richtiger Herzenswunsch ist. Ich glaube, ich habe mich noch nie getraut, mich das selbst zu fragen. Kann ich dann auch mit dir nochmal drüber sprechen, wenn ich an diesem Punkt bin?

Coach: Selbstverständlich. Dafür bin ich ja da.

Lucie: Ich stelle mir das echt schwierig vor, das alleine herauszufinden.

Coach: Das liegt daran, dass du die Antworten nur in der Stille findest, wenn du ruhig wirst und in dich kehrst. Wenn du dafür sorgst, dass dich die Einflüsse von außen nicht mehr ablenken, weil du so auf dein Inneres fokussiert bist.

Lucie: Empfiehlst du mir, zu meditieren?

Coach: Das hilft. Die einen setzen sich hin, zünden sich eine Kerze an und verlieren sich in der tänzelnden Flamme. Andere gehen in den Wald, suchen sich dort einen ruhigen Ort und lassen sich auf sich und die innere Stimme ein. Sie tun das menschlich Elementarste: Sie atmen tief durch. So lässt sich herausfinden, was man wirklich möchte. Den Kopf ausschalten und in die Verbindung zu sich selbst gehen. Sich auch an die Kindheit zurückerinnern, kann helfen: Was hast du dir früher gewünscht? Was hast du früher gerne gemacht? Und was macht dich heute uneingeschränkt glücklich?

Lucie: Ich habe irgendwie immer das Gefühl, dass ich noch Zeit brauche, bis ich starten kann, dass ich irgendwie jetzt noch nicht bereit bin. Dass ich noch irgendwas brauche, einen Kick, einen Impuls, damit ich anfangen kann. Kannst du mir erklären, woher das kommen kann?

Coach: Das Ganze ist natürlich ein Prozess. Vielleicht ist das mit den Hochzeiten nicht dein wirklicher Wunsch. Grundsätzlich denke ich, dass du eine Entscheidung zu treffen hast, darüber, was das Allerwichtigste für dich ist. Eine Entscheidung zu treffen, klingt einfach. Doch eine Entscheidung zu treffen, sie zuvor zu verinnerlichen und dann konsequent umzusetzen, setzt viel Energie frei und benötigt daher auch eine Menge Kraft. Erfolgreiche Menschen treffen sehr schnell Entscheidungen.

Vermutlich ist es so, dass wir uns in den weiteren Gesprächen gemeinsam deinem wirklichen Herzenswunsch nähern sollten. Vielleicht schlummert etwas anderes in dir, was du viel lieber machen möchtest. In der Regel ist es so, dass man nicht startet, weil eine Entscheidung noch aussteht.

Lucie: Das kann sein. Ich habe das Gefühl seit Jahren, dass ich immer noch auf irgendetwas warte, das passieren muss, damit ich anfangen kann.

Coach: Ich kann das gut nachvollziehen. Da ich ein sehr visueller Mensch bin, hat mir schon immer Visualisierung geholfen. Vielleicht ist das auch etwas für dich. Du könntest eine Foto-Collage anfertigen und Bilder zusammenfügen, von Dingen oder Situationen, die du in deinem Leben anstrebst. Es gibt auch Künstler, die so genannte Vision Boards illustrieren. Wenn du deine Ziel-Collage erstellt hast, hänge sie dort auf, wo du sie mehrmals jeden Tag siehst.

Lucie: Damit ich das immer vor Augen habe?

Coach: Korrekt, damit du deine Ziele immer vor Augen hast. Was du verbildlichst, reift in dir heran und hilft dabei, Entscheidungen zu treffen. Wünsche formulieren, Ziele aussprechen und sich dann auf den Weg zu machen – das alles ist nichts für nebenbei, sondern eine wichtige Aufgabe, an der man dranbleiben muss. Ich selbst habe Herzenswünsche, die ich niedergeschrieben habe und in meiner Handtasche aufbewahre. Jeden Tag schaue ich sie mir mehrfach an und verbinde mich mit dem Gefühl, spüre in mich hinein, ob dieser Wunsch noch erstrebenswert ist.

Lucie: Okay, würdest du denn sagen, dass ich im Prinzip bereit bin, die Entscheidung zu treffen? Oder meinst du, ich muss noch irgendetwas machen, damit ich dahin komme, um diese Entscheidung zu treffen? So eine Entscheidung zieht einiges nach sich. Mit der Entscheidung muss ich ins Handeln kommen.

Coach: Ich verzichte darauf, dir zu raten, sofort deine Festanstellung aufzugeben. Was hindert dich daran, erst einmal nebenbei zu starten? Das machen ja viele Leute so. Hättest du ein Zeitkontingent in der Woche zur Verfügung, zum Starten?

Lucie: Ich könnte da bestimmt etwas freischaufeln. Ich müsste dann ein paar Zeitfenster öffnen, die Kinder woanders unterbringen, selbst zwei, drei Stunden weniger fernsehen und dann wäre schon Zeit da, ja sicher.

Coach: Genau, wenn man das wirklich will, bekommt man das hin. Das zeigt dann wieder die Ernsthaftigkeit deines Wunsches und eine gute Grundlage, die Entscheidung zu treffen. Ich glaube auch, dass man All-in gehen kann, die Festanstellung kündigt und sich voll ins Business einbringt. Das ist aber natürlich abhängig von der jeweiligen Situation.

Lucie: Es ist natürlich schon eine ordentliche Investition, wenn ich die Utensilien, die ich verleihen möchte, erst einmal kaufen muss. Also ich habe da schon ein kleines Sortiment im Auge. Aber angeschafft habe ich bislang noch nichts. Vielleicht beginne ich auch erst einmal damit, einen Kellerraum freizumachen? Das wäre nicht das Problem.

Für die Produkte rechne ich grob mit 5.000,- Euro. Ich kann ja auch nicht sagen, dass ich Hochzeitsdeko verleihe und habe dann nur drei Artikel in meinem Sortiment. Dann werde ich direkt ausgelacht. Das hätte ich nicht so gern. Bei den 5.000,- Euro habe ich die Werbung übrigens noch nicht berücksichtigt.

Coach: Du erzählst mir diese Dinge, Lucie, ich höre, was du sagst, aber irgendwie fehlt mir noch deine glühende Begeisterung, der sprühende Wunsch, diese emotionale Verbundenheit.

Lucie: Ich verstehe, was du meinst. Wenn ich meinen Freunden davon erzähle, bin ich total begeistert davon und habe wahnsinnig viel Lust darauf. Die Idee ist ja auch schon jahrelang in meinem Kopf, eigentlich seit ich meinen Mann geheiratet habe. Damals bin ich selbst total darin aufgegangen, mich mit dem Thema zu beschäftigen und zu organisieren. Und seitdem denke ich darüber nach. Und dann wundere ich mich selbst darüber, dass ich gar nicht für mich einstehe. Und das verstehe ich nicht. Einerseits habe ich diesen Wunsch, andererseits komme ich nicht ins Handeln, vielleicht auch, weil ich mich irgendwie von allem, was außen kommt, unterbuttern lasse. Wieso nur? Ich bin total verbunden mit der Idee. Heute mehr als je zuvor, ich liebe die Idee. Aber in gewisser Weise fühle ich mich irgendwie zu schwach, um es umzusetzen. Habe ich Angst?

Coach: Vielleicht.

Lucie: Ich weiß nicht, ob du das kennst: Ich habe oft das Gefühl, dass mich der Alltag so ausfüllt, dass ich immer was zu tun habe und nie wirklich Zeit habe, irgendetwas kommt immer dazwischen. Ich glaube, auch das ist ein Grund dafür, wieso ich noch keine Entscheidung gefällt habe.

Coach: Sorry, wenn ich das jetzt so direkt sage: Für mich hört sich das nach einer Ausrede an.

Lucie: Das mag sein.

Coach: Ich wiederhole mich gerne, denn ich kenne das aus meinem eigenen Leben. Eine Entscheidung, wenn man sie wirklich tief im Inneren getroffen hat, ist sehr kraftvoll. Normalerweise passieren die Dinge dann fast von allein. Vielleicht noch einmal etwas deutlicher: Um eine Entscheidung zu treffen, ist es noch nicht notwendig zu wissen, wie du dein Ziel erreichst. Aber der erste Schritt ist, diese Entscheidung zu treffen. Und von dort aus dann in die Aktion zu gehen.

Lucie: Weißt du, ich will das so gerne und ich denke schon so viele Jahre darüber nach. Wir können es ja auch einfach so machen, dass ich sage, ich treffe jetzt, hier und heute die Entscheidung, dass ich das machen will. Und dass ich es nicht länger aufschiebe, wenn du mich dabei begleitest. Also offiziell: Meine Entscheidung: Ich gründe mein eigenes Unternehmen.

Coach: Ja, super. Ziel erreicht. Glückwunsch. Das ging wirklich schnell.

Lucie: Ich muss das jetzt noch in die Realität umsetzen. Aber ich verstehe gerade, dass mein Kopf in eine andere Richtung denken muss.

Coach: Genau. Aber viel wichtiger ist dein Gefühl und dein Herz.

Lucie: Als ich es gerade ausgesprochen habe, hat sich das auch richtig echt angefühlt. Ich habe gerade richtig Endorphine ausgeschüttet. Wenn das wirklich passieren würde, wie ich es dir am Anfang beschrieben habe... Ich habe jetzt irgendwie dieses Bild im Kopf, wie ich in meinem Büro sitze. Das hat mich gerade nochmal irgendwie dazu gebracht, es noch mehr zu wollen. Der Weg ist das Ziel.

Coach: Genau. Und nun gibt es auch noch Hausaufgaben, Lucie. Zum einen kreiere bitte diese Zielcollage, das Vision Board, visualisiere deinen Traumberuf und alles was, was du dir wünschst. Und zum anderen, schreibe bitte deinen perfekten Tag auf. Ob handschriftlich oder am Rechner ist zweitrangig. Wichtig dabei ist – nach wie vor – in der Gegenwartsform und nicht in der Zukunftsform zu formulieren. Das ist total wichtig. Dein Unterbewusstsein wird damit programmiert, als ob es schon passiert ist.

Lucie: Es macht einen Unterschied, ob man Texte in der Gegenwart oder in der Zukunft schreibt, weil das wieder die Kraft der Gedanken ist.

Coach: Absolut. Abschließend plaudere ich noch einmal ein wenig aus dem Nähkästchen und verrate dir jetzt mein tagtägliches Ritual. Ich habe direkt neben meinem Bett ein Dankbarkeitstagebuch liegen. Morgens bevor ich aufstehe, schreibe ich Dinge dort rein, für die ich dankbar bin, die ich schon habe. Ich notiere aber auch die Dinge, die ich gerne hätte, so als würde ich sie schon besitzen oder bereits erreicht haben. Man sollte nie die Macht der Dankbarkeit unterschätzen. Sie ist so mächtig. Das ist unfassbar.

Weil ich morgens manchmal noch müde bin, schreibe ich dann zum Beispiel rein: „Danke, danke, danke für all die guten Nachrichten, die mich heute erreichen." Dazu male ich Herzchen. Damit pushe ich meine Energie auf ein höheres Level, also bin dann total beschwingt.

Mircea Ighisan hat das Buch geschrieben „Daily Magic – Dankbarkeit und Lebensfreude: Mitmachen und Erleben!“, da sind Dankbarkeitsübungen enthalten, die mich wahnsinnig weitergebracht haben. Weil du dich für mein Programm entschieden hast, bekommst du ein weiteres Buch von mir zugeschickt. Es ist eine Art Vorlagenbuch. Wenn du die Übungen durcharbeitest, wirst du dich wundern, was alles passiert.

Ich habe dir jetzt zwei Hausaufgaben aufgegeben, eine Buchempfehlung ausgesprochen und dieses Dankbarkeitsbuch bekommst du auch, mit dem du dich jeden Morgen erstmal auf eine gute Energie einschwingen kannst. Das ist nämlich ganz wichtig.

Lucie: Cool. Ja super, dann mache ich mich gleich an die Hausaufgaben. Ich dachte ehrlich gesagt, dass es schwieriger sein wird. Ich dachte, ich gehe hier aus unserem Gespräch raus, muss mich hinsetzen und erst einmal fünf Businesspläne schreiben, mit der Bank sprechen, wie ich das umsetzen kann. Aber das klingt gerade nicht danach.

Coach: Das, was wirklich Ergebnisse bringt, findet man nicht im Finanzinstitut. Die größten Hebel sind in dir selbst verborgen. Zwischen deinen Schläfen, vor allem aber in deinem Herzen. Das, was ich hier mit dir teile, sind Erfahrungen aus meinem Leben, die ich weitergebe. Ich bin weder Psychotherapeutin, noch Finanzberaterin. Was ich kann, ist dir dabei zu helfen, deine Träume sichtbar zu machen und sie zu verwirklichen. Dabei kann ich dir ganz sicher helfen. Und das geht nur mit guten Gedanken.

Insofern freue ich mich auf unser nächstes Meeting.

Lucie: Ja cool, vielen Dank für das Gespräch und bis zum nächsten Mal.

Coach: Gerne, ich bedanke mich. Bis bald.

Teufelchen auf der Schulter

Was kommt dir in den Sinn, wenn du dieses Kapitel auf dich wirken lässt? Worüber denkst du nach? Wie setzt du dich mit dir auseinander? Birgit Möller freut sich auf Feedback und Fragen.

autorenclub.de/bm/7

Über den Zugang zur Internetseite der Autorin lassen sich die einzelnen Buchkapitel kommentieren. Neben Feedbacks sind auch Fragestellungen möglich, die die Autorin per Sprachnachricht oder E-Mail beantworten wird.

Entscheide selbst, ob du Birgit Möller persönlich Feedback geben möchtest oder deine Meinung mit der gesamten Leserschaft teilst. Wenn Fragen zur Interaktion mit der Autorin aufkommen, beantwortet unser Verlagsteam diese gerne unter: leserfragen@marianprill-verlag.de

Mentale Reisebegleitung: Am Steuer des Gedanken-Cockpits

Ein Coachee sagte einmal zu mir: „Weißt du, Birgit, es gibt viele Coaches, die sagen, dass sie Leuten dabei helfen, deren Leben auf die Reihe zu bekommen, doch die wenigsten haben je durchgemacht, was ihre Coachees durchmachen. Bei dir ist das umgekehrt."

Diese Aussage hat mich sehr berührt. Ich hatte zuvor mit ihm eine kleine Weltreise unternommen. Sie dauerte nur wenige Stunden und unser Transportmittel war der Finger auf der Landkarte. Doch dieser „Ausflug" half ihm dabei, besser zu erkennen. Ich vermittelte, was „Mentale Reisebegleitung" bedeutet: Eigene Wünsche, Träume und Ziele zu formulieren, ist so, als würde man auf eine Landkarte oder einen Autoatlas sehen und sich für das nächste Urlaubsziel entscheiden.

Vom eigenen Standort aus kann man den Maßstab zum Reiseziel deutlich erkennen. Außerdem zeichnet sich ab, dass es unzählige Wege zum Ziel gibt. Stellt sich also nur die Frage: Nimmt man die kürzeste Route oder ist viel mehr der Weg selbst das Ziel? Die Beantwortung dieser Frage führt zu bestimmten Handlungen und im Coaching zu bestimmten Handlungsempfehlungen.

Bis zur Zielerreichung werden die „Reisenden" viele Weggabelungen passieren. Und wenn sie ein konkretes Bild davon vor Augen haben, wann und wo sie ankommen wollen, dann lassen sich daraus die erforderlichen Schritte ableiten. Die Verwendung eines Fahrzeugs und weiterer Hilfsmittel, zum Beispiel ein Auto mit Navigationssystem, kann die Reise stark erleichtern.

Manche Menschen entscheiden sich für einen beschwerlichen Weg. Sie gehen zu Fuß, weil sie die Funktion des inneren Kompasses prüfen oder wiederherstellen wollen. Ich wiederholte meine Erkenntnis, wie so häufig: „Limitierungen werden zu Herausforderungen, Grenzen zu schaffbaren Hürden vor Zielerreichungen und man selbst zum größten Wunscherfüller des eigenen Lebens."

Ich arbeite gerne als Coach, weil ich eine Menge zu geben habe. Und ich liebe es, anderen Menschen dabei zu helfen, ein Leben zu führen, das sie wirklich führen möchten. Sie aus ihrem Trott zu befreien, ihnen zu zeigen, wie sie ihre Wünsche und Ziele erreichen können, das füllt mich hundertprozentig aus. Auch in meinem Bekanntenkreis höre ich immer wieder: „Du bist so positiv, Birgit. Danke, dass du mich so aufgebaut hast." Freunde und Bekannte bitten mich nicht selten um Rat. Und ich ziehe dann auch immer mal wieder das Bild des „Gedanken-Cockpits" heran, das ich geschaffen habe, um Coachees dabei zu unterstützen, sich in die richtige Umlaufbahn zu denken. Das ist das Ziel meines Coachingprogramms „Mentale Reisebegleitung", das Orientierung und Fokus bietet.

In jahrelanger Eigenregie habe ich das Programm erarbeitet, das ich früher selbst gebraucht hätte. Bei mir hat es lange gedauert, bis sich die richtige Denkweise etabliert hat. Immer wieder bin ich in alte Muster zurückgefallen, obwohl ich mir fest vorgenommen hatte, dies zu vermeiden. Mit Unterstützung wäre das alles wahrscheinlich auch viel schneller gegangen. Ich habe viel gelesen und jeden Tag trainiert. Das war wirklich harte Arbeit an mir selbst. Mit einem Mentor an der Seite, jemandem, der einen daran erinnert in positiver Schwingung zu bleiben, geht vieles einfacher.

Bei der Findung der Analogie „Mentale Reisebegleitung" hat mich sicherlich auch mein Fernstudium zur Touristikfachfrau inspiriert. Die Online-Ausbildung absolvierte ich ab 2002, weil mich damals schon ferne Länder faszinierten. Vermutlich bildeten sich auch die Grundlagen für meine heutigen Coaching-Ambitionen bei meinem früheren Arbeitgeber aus, der seit 2017 leider Geschichte ist. Es muss etwa im Jahr 2004 gewesen sein, als ich bei Air Berlin die Family Assistant Ausbildung angetreten habe.

Damit gehörte ich mehr oder weniger zum Bodenpersonal, auch wenn ich lieber in den Lüften unterwegs gewesen wäre. Meine Aufgabe bestand darin, immer auf den Ernstfall vorbereitet zu sein. Air Berlin Family Assistant war ein Programm, das im Fall eines Flugzeugabsturzes die Aufgabe übernahm, die Hinterbliebenen vor Ort zu betreuen. Glücklicherweise kam es für mich nie dazu.

Auch wenn ich die Dunkelheit längst verlassen hatte, gab es auch in dieser Zeit noch einige Dinge, die meine Frequenz niedrig hielten. Mit dem Thema Geld stand ich noch immer auf Kriegsfuß. Ständig war ich knapp bei Kasse. Mit zwei kleinen Kindern im Gepäck war mein Aufwand riesengroß, genug Geld fürs Leben zu verdienen. Mir fehlte das Verständnis davon, meine Bedürfnisse zu konkretisieren und aktiv an deren Erfüllung zu arbeiten. Erst mit den Jahren und einer Menge harter Arbeit an mir selbst, fand ein Umdenken statt, dass zu neuen Handlungsweisen führte. Und durch den Erfolg, den diese Handlungen mit sich brachten, baute sich ein Selbstbewusstsein und ein Selbstverständnis in mir auf, das mich zu einem Transformations- und Mindset-Coach hat werden lassen.

Mentale Reisebegleitung

Was kommt dir in den Sinn, wenn du dieses Kapitel auf dich wirken lässt? Worüber denkst du nach? Wie setzt du dich mit dir auseinander? Birgit Möller freut sich auf Feedback und Fragen.

autorenclub.de/bm/8

Über den Zugang zur Internetseite der Autorin lassen sich die einzelnen Buchkapitel kommentieren. Neben Feedbacks sind auch Fragestellungen möglich, die die Autorin per Sprachnachricht oder E-Mail beantworten wird.

Entscheide selbst, ob du Birgit Möller persönlich Feedback geben möchtest oder deine Meinung mit der gesamten Leserschaft teilst. Wenn Fragen zur Interaktion mit der Autorin aufkommen, beantwortet unser Verlagsteam diese gerne unter: leserfragen@marianprill-verlag.de

Reise zu mir selbst: Mit dem Hundewohnmobil durch Dänemark

Was vor Jahren nicht vorstellbar gewesen wäre, ist heute ein Abenteuer und meine neue Realität: Ich bin allein unterwegs in einem Wohnmobil. Früher hätte mich das gestresst. Heute empfinde ich es als Geschenk, auf einem Campingplatz in Dänemark zu stehen und einfach nur die Zeit zu genießen. Keine Telefonate und keine Verpflichtungen. Einfach nur sein. Sonst bin ich eher ein „Steh-Auf-Männchen", brauche immer irgendetwas zu tun. Ganz allein bin ich auch nicht, meine Hündin Bella begleitet mich. Dies hier ist eine tolle Erfahrung. Wir leben planlos in den Tag hinein, gehen an der Ostsee spazieren und lassen die Seele baumeln. Das tut wirklich gut.

Ursprünglich war geplant, mit meiner Tochter Sophia und unseren drei Hunden unterwegs zu sein. Zuvor hatte ich im Internet nach einem Wohnmobil gesucht, in dem man auch Hunde mitnehmen kann. Wow, und ich habe tatsächlich ein Hundewohnmobil gefunden.

Allerdings hat sich jetzt im Nachhinein herausgestellt, das dies mehr oder weniger ein Werbegag ist. Tierhaare sind bei Rückgabe des Fahrzeugs nicht gerne gesehen. Und es gibt zwar einen extra Raum für Hunde, doch damit ist nicht mehr als eine einfache Box gemeint. Sophia wollte unserem ältesten Vierbeiner diese Reise nicht antun. Dazu muss ich sagen, dass meine Tochter eine absolute Naturschützerin ist. Manchmal glaube ich, dass sie Tiere und die Natur mehr liebt als die Menschen. Am liebsten würde Sophia alle Tiere dieser Welt retten. Sie lebt absolut vegan und würde nichts essen oder anziehen, was mit Leid oder Qual von Tieren in Verbindung steht.

Um die Buchung des Wohnmobils nicht verfallen zu lassen, entschied ich mich also, alleine aufzubrechen. Nach einer Woche Dänemark bin ich im schleswig-holsteinischen Jarplund angekommen. Es regnet und mein Wunsch nach einem bequemen Bett und einem geräumigen Bad ist so groß, dass ich beschließe, ein Hotelzimmer zu buchen. Es ist die Ruhe, die mich reflektieren lässt: 200,- Euro kostet mich die Übernachtung. 200,- Euro sind ein Betrag, für den ich früher hart schuften musste, um die Versorgung meiner Kinder zu sichern. Heute erscheint es mir wie ein riesiges Geschenk, in einem tollen Hotel meiner Wahl einzuchecken und mir keine Gedanken über Preise machen zu müssen. Und das betrachte ich als meinen persönlichen Luxus. Viele Menschen entscheiden heute fast ausschließlich über den Preis. Wer stellt sich die Fragen: Wo wird es hergestellt? Ist es gesund? Hat es eine gute Qualität? Oder auch: Gefällt es mir und möchte ich es einfach haben? Häufig überwiegt die Frage: Wie teuer ist es?

Auch sonst haben sich viele Dinge sehr zum Positiven für mich verändert. Ich muss jedoch zugeben, dass ich gehemmt bin, mein virtuelles Umfeld an meinen Erfolgen teilhaben zu lassen. Ich sehe in den sozialen Medien häufig Coaches, die keinen Hehl daraus machen, ganz unverblümt anzupreisen, was sie geschafft haben. Ich persönlich tue mich schwer damit und habe lange darüber nachgedacht, warum das so ist. Vermutlich ist es ein ganz banaler Grund, nämlich zu wissen, wie es ist, wenn man Dinge sieht, die man einfach nicht haben kann.

Als ich keine Wohnung hatte, auf der Straße stand und nichts zu essen hatte, weinte ich manchmal. Ich habe mir in solchen Momenten einfach eine Sonnenbrille aufgesetzt. Denn ich wollte niemandem meine Tränen zeigen. Die Leute gingen mit einer Brötchentüte zur Arbeit und ich konnte mir nicht einmal ein trockenes Brötchen leisten.

Auch später, als ich schon mit meinen Töchtern in Berlin lebte, war finanziell gesehen jeder Tag ein Kampf. Ich hatte eine Freundin, deren Kinder so alt wie meine waren. Sie gingen zusammen in den Kindergarten und zur Schule. Darüber hinaus hatte meine Freundin jedoch deutlich mehr Geld zur Verfügung als ich. Zweimal im Jahr verabschiedete sie sich in den Urlaub. Während sie nach Ägypten flog und mir eine Karte schickte, konnte ich immer nur davon träumen, mit meinen Kindern mal wegzufahren.

Es versetzte mir regelmäßig einen Stich ins Herz. Auch weil ich die Entspannung gut hätte gebrauchen können. Ein Urlaub in den warmen Gefilden Europas, Amerikas oder Asiens – undenkbar und unerreichbar für mich. Das tat weh. Vielleicht habe ich aus diesen Gründen Schwierigkeiten damit, eigene Erfolge wie selbstverständlich online zu teilen.

Und doch sagt ein anderer Teil in mir, es braucht mutige Menschen, die vorangehen müssen, um anderen zu zeigen, was alles möglich ist. Von dieser Perspektive aus betrachtet, sollte ich mich öfter mitteilen. Menschen inspirieren, halte ich in diesem Zusammenhang nicht für Angeberei, sondern für Ermutigung. Ich finde an dieser Stelle die Wendung passend: „Nur wer selbst brennt, kann in anderen Feuer entfachen."

In dem Zusammenhang erinnere ich mich auch noch an einen anderen sehr bedeutsamen Moment. Als sich mein Unternehmen längst zu entwickeln begonnen hatte und ich mit meinem Freund etwa ein halbes Jahr zusammen war, entschieden wir uns dazu, eine Urlaubsreise zu zweit anzutreten.

Dafür buchte ich eine zweiwöchige Flugreise auf die Malediven. Einem zwölfstündigen Flug schloss sich ein halber Monat im Paradies an: Strände, ausgedehnte Riffe und blaue Lagunen, wohin das Auge blickte. Der Urlaub kostete mich ein paar tausend Euro. Ihn mit einem Lächeln bezahlen zu können, war überwältigend für mich. Ich fühlte mich unheimlich frei in jenem Moment. Nie zuvor hätte ich mir vorstellen können, in einem solchen Luxus zu schwelgen. Und durch dieses Referenzerlebnis gewöhnte ich mir an, mir die Dinge zu erlauben, die mir gefallen: Wenn ich mal mit der Bahn fahre, dann möchte ich erstklassig unterwegs sein und wenn es ein Hotel sein soll, dann schaue ich nach dem schönsten Zimmer, nicht nach dem preiswertesten.

Freiheit bedeutet für mich nicht, Geld zu verschwenden, sondern mir das Leben so angenehm wie möglich zu gestalten. Und auch jetzt in meinem Hotelzimmer mit den Eindrücken aus Dänemark, freue ich mich, über die Freiheit. Sie wirkt in mir: In den letzten Tagen habe ich ein neues Projekt auf den Weg gebracht und gerade heute ist mir eine neue geschäftliche Idee eingefallen. Ich merke, dass ich mit etwas Abstand vom Alltag viel produktiver bin. Mein Kopf ist frei für wirklich Neues, wenn ich nicht permanent in der Firma bin, sondern auch mal den Blick von außen kreisen lassen kann.

Reise zu mir selbst

Was kommt dir in den Sinn, wenn du dieses Kapitel auf dich wirken lässt? Worüber denkst du nach? Wie setzt du dich mit dir auseinander? Birgit Möller freut sich auf Feedback und Fragen.

autorenclub.de/bm/9

Über den Zugang zur Internetseite der Autorin lassen sich die einzelnen Buchkapitel kommentieren. Neben Feedbacks sind auch Fragestellungen möglich, die die Autorin per Sprachnachricht oder E-Mail beantworten wird.

Entscheide selbst, ob du Birgit Möller persönlich Feedback geben möchtest oder deine Meinung mit der gesamten Leserschaft teilst. Wenn Fragen zur Interaktion mit der Autorin aufkommen, beantwortet unser Verlagsteam diese gerne unter: leserfragen@marianprill-verlag.de

Krankheit als Chance: Der Verlust der Weiblichkeit

Es war nicht das erste Mal, dass ich der Firma zumindest zeitweilig fernblieb. Im Spätsommer 2017 war ich mit Sophia bei der Mammographie, einer Vorsorgeuntersuchung, die aus einem mobilen Bus heraus angeboten wurde. Es war eine spontane Entscheidung. Ich hätte mir in diesem Moment nicht vorstellen können, dass etwas Besorgniserregendes dabei herauskommen könnte.

In Anbetracht des bevorstehenden Segeltörns, zu dem ich mein Team nach Sardinien eingeladen hatte, geriet die Untersuchung dann schnell wieder in Vergessenheit. Nach einer Woche Spaß und Freude im Mittelmeer kehrte ich nach Hause zurück. Ich bin nicht besonders gut darin, mir Uhrzeiten und Daten zu merken. Doch dieser denkwürdige Tag meiner Rückkehr ist mir noch sehr genau in Erinnerung geblieben. Meine Uhr zeigte 3.30 Uhr an, als ich die Post aus dem Briefkasten holte. Ich wunderte mich darüber, dass ich einen Brief vom Brustzentrum in den Händen hielt. Darin wurde mir in wenigen Zeilen mitgeteilt, dass man etwas gefunden habe und ich zur erneuten Untersuchung kommen solle. Zu diesem Zeitpunkt spürte ich, dass das nichts Gutes verhieß. Dennoch beruhigte ich mich und hegte die Hoffnung, dass es sich vielleicht nur um eine kleine Zyste handeln würde, die unkompliziert entfernt werden könnte. Denn ich spürte ja nichts. Da der Termin für die Untersuchung einige Tage in der Zukunft lag, gestaltete sich mein Alltag so wie immer: Ich arbeitete und sprach mit niemandem über diese Nachricht. Warum sollte ich auch die Pferde scheu machen?

Und dann war es so weit: Ich fuhr ins Brustzentrum Stendal. Neben dem Ultraschall wurde eine Stanzbiopsie durchgeführt, ein

Verfahren, durch das Gewebe zur weiteren Untersuchung entnommen werden konnte. Und dann hieß es: Warten, warten und nochmals warten.

Die Nachricht, dass ich an Brustkrebs erkrankt war, war für mich wie ein Paukenschlag. Eine solche Information geht durch Mark und Bein. Als der verantwortliche Arzt davon sprach, dass man noch nicht wisse, ob der Krebs bösartig sei und eine Chemotherapie erforderlich wäre, war das, was ich wahrnahm wie in einem Film. Plötzlich lief mein Leben in Zeitlupe ab, ich hörte nur noch dumpfe Töne und alles um mich herum war unwesentlich geworden. Ein Donnerschlag wie aus dem Nichts: Birgit hat Brustkrebs.

Als erstes habe ich mein Testament verfasst. Weil Sophia noch nicht volljährig war, schrieb ich in die Verfügung, was passieren sollte, wenn es mit mir zu Ende gehen würde. Die nächsten zwei Wochen fühlte ich mich dann wie in einer Blase. Das Leben erschien mir so unwirklich. Alles, worauf ich hingearbeitet hatte, verlor von heute auf morgen an Bedeutung. Zwei Wochen lang war ich telefonisch nicht mehr erreichbar, hatte eine Anrufweiterleitung auf Melanies Anschluss umgestellt. Ich bat meine damalige Assistentin alle Gespräche entgegenzunehmen, weil ich mit niemandem reden wollte. Ich stand unter Schock und der nächste Termin mit den Ergebnissen aus der Stanzbiopsie rückte näher.

Diesmal ging es vom Arzt nicht nach Hause, sondern erst einmal direkt ins Krankenhaus. „Hormonell bedingter Krebs – eine Chemotherapie ist nicht notwendig“, lautete die Diagnose. Damit fiel mir ein Stein vom Herzen. Ich weiß noch, dass ich voller Freude über den Gang sprang: „Ja, ja, ja, wunderbar – keine Chemo.“

Das ersparte mir nicht das MRT. Nach dem Spritzen des Kontrastmittels ging es für mich dann in die Röhre – ein Ganzkörperscan war angesagt. In Anbetracht der Tatsache, dass ich dem Tod von der Schippe gesprungen war, verkraftete ich diese unangenehme Erfahrung recht gut. Auch die OP verlief unkompliziert und ich nahm mit Freude die Nachricht auf, dass meine Lymphknoten nicht vom Krebs befallen waren. Der Tumor war klein. Alles in Ordnung also.

Alles in Ordnung? Keineswegs. Denn das, was sich nun zutrug, entwickelte sich zu einer echten Tortur. Mir wurde nahegelegt, ein Medikament zu konsumieren, das meine Hormone runterfahren sollte. Man sprach von einer Erfolgsquote von gerade mal zwei Prozent! Und die Nebenwirkung hatte es in sich: Zum einen wäre ich um Jahre gealtert, zum anderen hätte ich mich auf massive Schlafprobleme einstellen müssen. Ich lehnte ab. Doch auch der Alternativvorschlag „Bestrahlung“ erschien mir unnötig. Im letzten Moment cancelte ich den Termin. Mir klingen noch die Worte der Arzthelferin in den Ohren, die mit Engelszungen auf mich einredete und mir ein erneutes Gespräch mit dem Arzt anbot. Ich lehnte ab. Denn als ich zum ersten Mal dessen Behandlungszimmer betrat, spürte ich den eiskalten Tod zwischen den Wänden.

Durch meine beruflichen Aktivitäten pflegte ich in dieser Zeit Kontakte zu vielen Ärzten. Einer von ihnen war Onkologe. Ich rief ihn an und schilderte ihm die Situation, woraufhin er vorschlug, das Gewebe vollständig zu entfernen, um ein Rezidivs auszuschließen und somit der Wiederkehr der Krankheit vorzubeugen. Und an dieser Stelle nahm das Schicksal dann seinen Lauf: Wider besseren Wissens schlug mir der behandelnde Arzt vor, den Eingriff mit einer Schönheitsoperation zu kombinieren. Ich stimmte zu.

Als ich aufwachte, schaute ich auf eine Oberweite, die mir weder entsprach, noch gefiel. Ich fühlte mich leider überhaupt nicht wohl und so begann ein unsäglicher Leidensweg. Die Operationsnarbe wuchs und wuchs nicht zu. Auch nach vier Monaten sträubte sich mein Körper offenbar, den Eingriff anzunehmen. Eine meiner Kundinnen, die als Internistin arbeitete, empfahl mir ein bestimmtes Pflaster. Kurz danach, ich war gerade mit dem

Auto unterwegs nach Hamburg, wurde die betreffende Stelle so heiß, dass ich es nicht mehr aushielt. Also öffnete ich auf einem Parkplatz das Pflaster und stellte fest, dass sich die Operationsnarben an meiner Brust gefährlich entzündet hatten.

Der Schmerz wurde so intensiv, dass ich weder stehen noch etwas zu mir nehmen konnte. Somit führte mich mein Weg direkt in ein Hamburger Krankenhaus. Dort wollte das Personal mir den Verband wechseln. Weil ich wusste, dass das mein Problem nicht lösen würde, bat ich mehrfach darum, mir Blut abzunehmen und es zu untersuchen. Doch man schlug mir die Bitte ab. Inzwischen ging es mir so schlecht, dass ich auch nicht mehr Auto fahren konnte. Dafür bot sich meine Schwester an. Sie fuhr mich zurück nach Werben und nahm den nächsten Zug in den Norden.

Ich taumelte durchs Haus und erklärte meinen Kindern schlaftrunken, dass ich mich ins Bett legen und am nächsten Tag den Arzt aufsuchen würde. Damit waren sie nicht einverstanden: „Du kannst doch so nicht schlafen gehen“, riefen sie entrüstet. „Wir müssen jetzt ins Krankenhaus!“, war der einzig richtige Vorschlag. Das Fieberthermometer zeigte 40 Grad an, als der Rettungswagen aufs Grundstück fuhr. Mit Blaulicht ging es dann nach Seehausen ins Krankenhaus, als der Chefarzt, der eigentlich keinen Dienst zu dieser Zeit hatte, sich erbarmte, ins Krankenhaus kam und mich behandelte.

Die erste Frage, die er den Assistenzärzten stellte: „Wieso steht denn hier die Tür auf?“. Die Antwort hatte er nicht abgewartet und wollte sie schließen. Weil sie klemmte trat er sie zu. Für diesen ersten Einsatz war ich dem Chefarzt sehr dankbar. Denn vom Flur aus, hatte jeder die Möglichkeit, mich in einer äußerst unkomfortablen Lage zu sehen. Schnell hatte er die Ursache für mein Unwohlsein diagnostiziert: „Sepsis. Blutvergiftung.“

„Und nun?“, wollte ich wortkarg wissen.

„Nun müssen wir das Implantat herausholen“, lautete die Antwort.

Ich fiel aus allen Wolken: „Das geht nicht. Es war wirklich teuer. Können Sie es nicht irgendwie retten? Der Chefarzt schüttelte nur den Kopf. Für mehr war keine Zeit. Eine Dosis Propofol versetzte mich in den Dämmerschlaf, während Sophia die Situation mit Argusaugen bewachte.

Als ich wieder wach wurde, fühlte ich mich nur noch wie eine halbe Frau. Es war nichts mehr da außer Haut. Tagelang scheute ich mich, in den Spiegel zu schauen. Diese Zeit empfand ich als unheimlich grausam. Spirituell beeinflusst, nahm ich an, dass es eine Art Strafe dafür sein könnte, dass ich lange Zeit meine Weiblichkeit, das Frau-sein, abgelehnt hatte. Eine ungesunde Einstellung zu mir selbst war mir aus Kindheitstagen bekannt, als ich mich in die Magersucht gehungert hatte, zeitweilig nur 39 Kilogramm wog.

Im Nachhinein wurde mir klar, dass es niemals hätte dazu kommen dürfen, dass bei der zweiten OP Implantate mein körpereigenes Gewebe ersetzten. Erschwerend hinzu kam, dass die Verantwortlichen eine Vene verletzt hatten, was zu einem wahnsinnigen Blutverlust führte.

Lange Zeit habe ich mich nur mit schlaffer Haut durchs Leben bewegt. Die Weiblichkeit war mir völlig abhanden gekommen. Erst Ende 2019 habe ich dann für mich entschieden, dass ich das nicht mehr möchte. Im Ausland fand ich meinen Arzt des Vertrauens, der mir schließlich Implantate in meiner normalen Größe einsetzte.

Diese OP lief reibungslos. Die Zeit heilte alle Wunden. Und was blieb? Die Erkenntnis, dass die einschneidenden Veränderungen zu einer intensiveren Verbindung zu mir selbst führten.

Krankheit als Chance

Was kommt dir in den Sinn, wenn du dieses Kapitel auf dich wirken lässt? Worüber denkst du nach? Wie setzt du dich mit dir auseinander? Birgit Möller freut sich auf Feedback und Fragen.

autorenclub.de/bm/10

Über den Zugang zur Internetseite der Autorin lassen sich die einzelnen Buchkapitel kommentieren. Neben Feedbacks sind auch Fragestellungen möglich, die die Autorin per Sprachnachricht oder E-Mail beantworten wird.

Entscheide selbst, ob du Birgit Möller persönlich Feedback geben möchtest oder deine Meinung mit der gesamten Leserschaft teilst. Wenn Fragen zur Interaktion mit der Autorin aufkommen, beantwortet unser Verlagsteam diese gerne unter: leserfragen@marianprill-verlag.de

Menschenskinder: Rückzug aus dem Krisenherd

Für gewöhnlich sind meine Kinder meine besten Ratgeber. Sophia ist 19 Jahre und Sarah 22 Jahre jung. Sie ermutigten mich, dieses Buch herauszubringen, was mich sehr erleichtert hat. Denn Hand aufs Herz: Hätte mich meine eigene Mutter gefragt, was ich davon hielte, wenn sie ein Buch herausbringen würde und meine Vita wäre ihre gewesen, ich hätte lange mit mir in Klausur gehen müssen, um sie dabei zu bestärken.

Für das Verfassen dieses Kapitels habe ich mich dann letztlich entschieden, weil ich glaube, der Leserschaft dies schuldig zu sein. Meine Mutterschaft ist ja eng mit einer Zeit verbunden, in der ich nicht unbedingt Frau über meine Sinne war. Umso mehr freue ich mich darüber, zwei gesunde und hübsche Töchter zur Welt gebracht zu haben, die auch noch intelligent und reflektiert sind. Beide sagen mir offen, was sie denken, was auch immer mal wieder sehr herausfordernd sein kann. Und beide mögen es nicht, wenn Menschen sich verstellen. Sowohl Sarah als auch Sophia durchschauen so etwas recht schnell. Es war von Beginn an mein Anspruch, sie möglichst freiheitlich zu erziehen und zwar so, dass sie ein selbstbestimmtes Leben führen können.

An dieser Stelle folgt nun ein großes „Aber". Denn leider wirft die Vergangenheit lange Schatten über die Gegenwart und hinterlässt ihre Spuren dabei: Sophias Vater war auch gleichzeitig mein letzter gewalttätiger Freund. Leider hat Sarah viel davon mitbekommen. Viel mehr als ein Kind jemals mitbekommen sollte. Das hat sie ein Stück weit auch traumatisiert. Um die Gesamtsituation besser verstehen zu können, ist es notwendig, die Zeit zunächst fünf Monate und dann gut viereinhalb Jahrzehnte zurückzudrehen:

Im Mai bin ich mit meinen Eltern zwei Wochen auf Kreta gewesen. Da habe ich gemerkt, dass sich die Beziehung und mein Bild von ihnen, vor allem aber meinem Vater gegenüber, deutlich verbessert hat. Jetzt in einer Zeit, in der es auch häufiger mal zu Meinungsverschiedenheiten mit meinen eigenen Kindern kommt, ist mir bewusst geworden, wie wichtig ich meinem Vater bin und das ist ein sehr schönes Gefühl. Denn heute sehe ich ihn mit anderen Augen. Nach vielen Jahren habe ich meinen Frieden gefunden. Wahrscheinlich auch, weil ich als Mutter selbst viele Fehler gemacht habe.

Sich selbst zu verzeihen und anderen zu vergeben, befreit ungemein. Aus Respekt meiner Familie gegenüber, werde ich hier nicht ins Detail gehen. Was ich aber sagen kann, ist folgendes: Meine Eltern waren immer sehr mit sich selbst beschäftigt. Daher habe ich mich als Kind oft einsam gefühlt. Sehr oft. Wenn ich an meine Mutter denke, dann denke ich eigentlich immer daran, dass sie ständig mit meinem Vater gemeckert hat. Am Ende hasste sie ihn. Das Paradoxe daran: Umso mehr sie ihren Groll gegen ihn richtete, desto stärker habe ich mich ihm gegenüber verbunden gefühlt. Als ich zehn Jahre alt war, trennte sich meine Mutter schließlich von meinem Vater.

Fortan lebte ich bei meinem Vater und seiner neuen Frau, die er kurze Zeit darauf heiratete. Sie war nur zehn Jahre älter als ich: Anfang 20. Und mit ihr erhielt eine extrem gewalttätige Zeit Einzug in mein Leben. Es kam vor, dass ich mit einem blauen Auge in die Schule ging oder dass mein ganzer Rücken von oben bis unten blau war, weil sie so auf mich eingeprügelt hatte. Doch mein Wille war so stark und fest, dass sie ihn nicht brechen konnte. Umso stärker sie auf mich einschlug, desto mehr zeigte ich ihr, für wie schwach ich sie hielt. Wenn sie meine Geschwister schlagen wollte, stellte ich mich schützend vor sie. Vermutlich waren die beiden auch der Grund dafür, wieso ich begann, meinen Willen so extrem zu trainieren. Obwohl das zweifelsohne oft zu schmerzhaften Konsequenzen führte.

Meine Schwestern waren die wichtigsten Bezugspersonen in meiner Kindheit. Und auch heute pflegen wir ein inniges Verhältnis zueinander. Ich weiß, dass sie immer für mich da sind, so wie auch ich für sie da bin. Für unseren Zusammenhalt bin ich sehr dankbar.

Die Gewalterfahrungen, die mir widerfuhren, haben natürlich auch einiges mit mir gemacht. Sie führten dazu, dass ich Beziehungen zu gewalttätigen Männern pflegte. Sophias Vater sparte keine Gelegenheit aus, mich herabzuwürdigen und mich zu schlagen. Auch teilte er mir ständig mit, dass ich in seinen Augen keine gute Mutter sei. Ich weiß nicht, ob er ein Bild davon hatte, wie die perfekte Mutter zu sein hat und letztlich spielt das auch keine Rolle. Ich für meinen Fall hatte jedenfalls eine Vorstellung davon. Auch wenn es unmöglich war, diese Idealvorstellung zu erreichen, so wusste ich, was ich meinen Kindern ermöglichen wollte. Außerdem entwickelte ich eine ungefähre Vorstellung davon, welche Bedürfnisse sie hatten und haben. Ich selbst habe mir einfach gewünscht, mich öfter geliebt fühlen zu können, mir sicher sein zu können, dass jemand auch wirklich für mich da ist.

Und dann kam der Zeitpunkt, an dem ich dieses Muster durchbrach. Ich traf die Entscheidung, mich nie wieder herumschubsen zu lassen. Und das führte zu einer Dekade, in der ich als alleinerziehende Mutter ein Single-Dasein fristete.

Heute bin ich in der vorteilhaften Lage, Sarah sowohl Zeit als auch Raum geben zu können, sich zunächst um sich selbst zu kümmern, bevor sie ihre eigene Zukunft startet. Damit meine ich auch den nötigen finanziellen Rahmen. Immer mal wieder bekomme ich die Frage gestellt: „Und, was machen deine Kinder beruflich?" Ehrlich gesagt, verstehe ich diese Frage nicht. Ich wüsste, was ich antworten würde, wenn mich jemand fragen würde: „Wie geht es deinen Kindern? Oder: Was sind ihre Interessen?" Darin steckt Sinn und Wert. Doch was spielt es für Menschen, die man alle Jubeljahre mal sieht, für eine Rolle, wer was beruflich macht? Ich bin davon überzeugt, dass Sarah ihren Weg finden wird.

Inzwischen weiß ich, dass ich alles, was ich brauche, nur in mir selbst und nicht im Außen finden kann. Das ist ein gutes Gefühl, denn es gibt mir die Sicherheit, stets in mich selbst zu blicken und zu wissen, dass ich gut genug bin.

Es fällt mir nicht sehr leicht darüber zu reden, aber ich denke, dass mein Erfolg auch mit der Verarbeitung meiner Vergangenheit und der Haltung meiner Eltern gegenüber zu tun hat. Durch Beobachtung und das Wissen, das ich bei meiner Ausbildung zur Familienaufstellerin nach Bert Hellinger erwarb, ist mir bewusst geworden, wie viele Probleme in Familien weitergegeben werden. Ich befand mich oft in emotional schwierigen Phasen, die mich tiefe Traurigkeit empfinden ließen. Dabei habe ich etwas erkannt. Nämlich, dass in meiner Familie häufig so getan wurde, als wäre alles in Ordnung. Wir haben so gut wie nie über Probleme gesprochen. Und wenn, dann waren wir Kinder es, die bestraft wurden, weil wir uns so verhalten haben, wie wir uns eben verhielten. Wenn ein Kind auffällig wird, dann hat es einen Grund.

Ich durchlief absolute Veränderungsphasen, bei denen ich schon im Vorfeld ahnte, dass ich mich mit dem Abschließen mental fitter und gesünder fühlen würde, als je zuvor. Und so war es dann auch. Früher habe ich mich häufig in die Arbeit gestürzt, dort alles gegeben, um meine Traumata zu kompensieren. Und dann kam eine Ausbildung in mein Leben, die sich „Lesen im morphischen Feld“ nannte. Bei einer Übung konzentrierte ich mich, in mein eigenes morphisches Feld zu sehen. Doch da war nichts. Nur ein schwarzes, tiefes Loch. Und dann bemerkte ich etwas, das oft da war, wenn ich traurig war: ein Kloß in meiner Brust. Er wanderte nach oben in meinen Hals und ich hatte viele Sekunden lang das Gefühl, keine Luft mehr zu bekommen. Dann schossen mir die Tränen aus den Augen. Die Ausbilderin, die über unwahrscheinlich viele Kenntnisse im spirituellen Bereich verfügte, fragte mich: „Kann es sein, dass du dir nicht erlaubst, dein Licht zu sehen?“

Mit einem Schlag war mir dann klar, und hier kommt die Essenz dieses Abschnitts, was auch immer uns im Außen geschieht, egal wie stark wir leiden – heilen kann sich jeder nur selbst. Sich auszusprechen hilft und ist ratsam. Doch letztlich bestimmt der Umgang mit schwierigen Situationen und Vorfällen, wie wir damit weiter leben.

Diese Informationen sind auch dafür gedacht, einen Einblick in meine persönlichen Herausforderungen zu geben. Nicht weil ich es liebe, mit eigenen Sorgen und Nöten zu kokettieren. Sondern weil ich meine Coachees neben dem Aufbau eigener Unternehmen auch dabei unterstütze, sich privat oder familiär neu zu erfinden. Ich finde es absolut passend, sich selbst auch verletzlich zu zeigen und über Dinge sprechen zu können, die nicht unbedingt glänzend laufen. Schließlich lernen wir viel aus eigenen, aber eben auch einiges aus fremden Fehlern. Und deshalb war es mir wichtig, einen kurzen Zwischenstopp bei den Themen „Verzeihen und Vergeben" einzulegen.

Grundsätzlich kann ich sagen, dass ich in Bezug auf die Kindererziehung immer die Dinge getan habe, die mir richtig erschienen. Ich habe viele Fehler gemacht (Welche Mutter macht keine Fehler?). Und dazu wurden meine Kinder in einer Zeit geboren, die ich zum extremsten Abschnitt meines Lebens zähle.

Umso rührender war es für mich, als mir Sophia folgende handschriftlich verfasste Zeilen überreichte. Sie sind ein Beleg dafür, dass mir auch vieles geglückt ist:

Du bist eine coole Mama.

Du hast mir immer viel Freiraum gelassen und mir nie Druck gemacht.

Du glaubst an deine Träume und hilfst mir, meine zu ermöglichen.

Du redest niemanden klein.

Ohne dich würde ich wahrscheinlich meine Leidenschaft für Hunde nicht kennen.

Auch wenn ich mal Fehler mache, weiß ich, dass du zu mir hältst.

Du hast schon immer alles gegeben, um deine Familie glücklich zu sehen.

Ich kann mich immer auf dich verlassen.

Du wirst immer an meiner Seite sein.

Du kannst aus dem Nichts etwas Großes schaffen.

Du hast mehr Visionen davon, wie mein Leben aussehen kann und was ich erreichen kann, als ich.

Du würdest mich nicht verurteilen.

Du vertraust mir.

Du liebst es, andere Menschen glücklich zu sehen.

Du beneidest keine Menschen, du bewunderst sie.

Du schaffst es, aus allem das Beste zu machen.

Du hast mir durch große Krisen geholfen.

Du versuchst stets, das Positive zu sehen.

Niemand sonst, den ich kenne, hat es von so weit unten nach so weit oben geschafft.

Du hast tolle Träume und Ziele.

Wenn du ein Ziel vor Augen hast, erreichst du es auch.

Du ermöglichst mir ein supertolles Leben.

Du hast mich zu dem Menschen gemacht, der ich heute bin.

Du bist die beste Mama.

Love you
Sophia

Als Sophia 14 Jahre alt war, verliebte sie sich in Anton. Ihr Freund lebte mit seinen Geschwistern und seiner Mutter in recht ärmlichen Verhältnissen. Und weil es bei ihnen zu Hause nicht so schön aussah, sagte ich zu meinem Freund: „Lass uns dahin fahren und die Wände streichen."

Ich half seiner Mum dabei, als der Boiler den Geist aufgab und kein warmes Wasser verfügbar war – mitten im Winter. Das fand ich sehr schlimm. Zügig setzte ich ein Schreiben fürs Arbeitsamt auf und kümmerte mich darum, dass sich um die Technik gekümmert wurde.

Irgendwann fragte ich Sophia, ob sie ihren Freund mit in den Urlaub nehmen wolle, worüber sie sich sehr freute. Und als ich erkannte, dass Anton sich bei uns wohl fühlte, bot ich meiner Tochter und ihrem Freund an, dass er zu uns ziehen könnte. Zum Ende des Urlaubs kam Sophia dann zu mir und meinte: „Mama, ich muss mit dir reden." Sie erzählte mir, dass sie und Anton das Angebot annehmen wollten. Und ich sagte: „Na klar, ich freue mich."

Anton ist ein schlauer Bursche. Er war sehr gut in der Schule, wirklich herausragend. Und während seine Geschwister lieber schwänzten und Unsinn machten, war es ihm wichtig, seinen Weg zu gehen. Antons Auszug hat seiner Mutter natürlich nicht gefallen. Ihr Sohn war eine große Stütze für sie. Doch für ihn war es sicherlich das Beste.

Nach drei Jahren beendeten Sophia und Anton ihre Beziehung, was ich bedauert habe. Ich habe ihn wie einen Sohn angesehen und noch immer ein gutes Verhältnis zu ihm. Ich freue mich, dass er sein Abitur absolviert hat. Er war schon im Begriff nach Leipzig zu ziehen, um eine duale Ausbildung im Sportbereich zu starten, doch weil er findet, dass die Firma nicht mit seinen Werten übereinstimmt, kommt er jetzt zurück.

Ich finde es bewundernswert, dass er die Strapazen auf sich nimmt, weil ich glaube, dass viele Menschen dies nicht getan hätten und eher den Weg des geringsten Widerstands gegangen wären. Auch wenn sie wüssten, dass es danach nicht weiterginge. Die vermeintliche Sicherheit geht häufig vor. Und gerade deshalb finde ich es bewundernswert, im jungen Alter schon klare Grenzen ziehen zu können. Immer wieder hat Anton gesagt, dass er es ohne uns nicht geschafft hätte. Doch ehrlich gesagt, glaube ich das nicht. Wenn jemand seinen Weg sieht, dann kann er ihn auch gehen. Zudem bin ich davon überzeugt, dass es die Pflicht eines jeden Menschen ist, denjenigen zu helfen, die Hilfe benötigen.

Ich persönlich hätte mir auch gewünscht, früher Hilfe zu bekommen, in den Zeiten, in denen ich sie dringend brauchte. Mich persönlich erreichte Hilfe, als ich längst eine Entscheidung getroffen hatte. Ich wusste, dass ich mit Sarahs Geburt verpflichtet war, drogenfrei zu bleiben. Knapp vor der Jahrtausendwende war es äußerst turbulent für mich und meine Tochter. Aus der Justizvollzugsanstalt ging es in den Kreißsaal und von dort aus für kurze Zeit in eine kleine Wohnung, die mein Vater für mich organisiert hatte.

Doch die Schatten, die Hamburg auf mein Leben warf, veranlassten mich dazu, neue Pläne zu schmieden. Ich spürte, dass ich mich räumlich verändern und die Stadt verlassen musste, wenn ich jemals drogenfrei bleiben wollte. So lebten mein damaliger Freund (der übrigens nicht der Vater von Sarah war), Sarah und ich nur wenige Monate in der Hamburger Wohnung. An den 14.06.1999 erinnere ich mich noch sehr genau. Kurz vor meinem Geburtstag stand ein Zug abfahrbereit auf dem Gleis, der uns zu dritt nach Berlin bringen sollte. Zunächst war ich erleichtert, diesen Schritt zu gehen. Doch mit meinem Umzug musste ich auch meiner Schwester den Rücken kehren, zu der ich in dieser Zeit ein besonders starkes Verhältnis hatte. Sie kümmerte sich rührig um mich. Und meine Trauer, sie erst einmal nicht mehr sehen zu können, schlug um in depressive Anflüge. Als wir abfuhren, rannen mir pausenlos Tränen über die Wangen.

Das Therapiehaus in Berlin-Lichtenrade war groß und hatte einen riesigen Garten. Die Empfangshalle war gläsern und in der Galerie konnte man angenehme Musik lauschen. Die Patienten wurden in der Regel in Zweibettzimmern untergebracht, Frauen und Männer lebten hier getrennt voneinander. Wir hatten das Privileg, in einem Familienzimmer untergekommen zu sein. An diesem Ort wurde mir Hilfe zuteil. Die Ankunft läutete eine Zeit ein, die mir half, mich zu stabilisieren und weitere neun Monate drogenfrei zu leben. Wahrscheinlich hört sich dies ziemlich harmonisch an. Doch für mich war es hochgradig anstrengend, mit so vielen Menschen an einem Ort zu sein. Alles verlief sehr strukturiert. Man erledigte seine Aufgaben, kümmerte sich zum Beispiel als Küchendienst um den Haushalt oder arbeitete in der Wäscherei. Die Idee dieser Therapie war es, Menschen in die Eigenverantwortlichkeit zu begleiten, sich wieder an Abläufe und Ordnung zu gewöhnen. Es standen Gruppentherapien und Einzeltherapien auf dem Plan.

Therapeuten und Sozialpfleger halfen mir, denn ich war mit Sarah völlig überlastet. Ich hatte so viel mit mir selbst zu tun, dass ich immer wieder verzweifelte und mich schuldig fühlte, wenn sie schrie. In der Konsequenz trennte ich mich während der Therapie auch von meinem Freund. Er passte nicht mehr in mein Leben.

Die Therapie tat mir gut, denn ich nahm tatsächlich keine Drogen mehr. Dennoch kam es immer mal wieder vor, dass meine Nerven blank lagen. Innerhalb einer Stunde entwickelte sich meine Gefühlswelt von himmelhochjauchzend bis zu Tode betrübt. Emotional war ich äußerst instabil. Und als nach neun Monaten die so genannte Adaptionsphase anstand, die die Wiedereingliederung in die Gesellschaft und den Arbeitsmarkt vorsah, eine Art Nachbetreuung, hatte ich genug vom Entzug. Ich verabschiedete mich und wir fanden nur zwei Straßen weiter unser neues Zuhause in einer kleinen Zweizimmerwohnung.

Ich wusste noch nicht wirklich, wie eine Mutter mit ihrem Kind umgeht. Natürlich habe ich meine Tochter auf den Arm genommen, wenn sie weinte. Wenn wir aber draußen waren und sie Lärm machte, rannte ich nach Hause und habe sie gefüttert. So wurde Sarah immer dicker. Aber sie schien mir dann glücklich zu sein. Und das beruhigte mich. Und weil sie stets satt war, schlief sie die Nächte auch immer durch.

Menschenskinder

Was kommt dir in den Sinn, wenn du dieses Kapitel auf dich wirken lässt? Worüber denkst du nach? Wie setzt du dich mit dir auseinander? Birgit Möller freut sich auf Feedback und Fragen.

autorenclub.de/bm/11

Über den Zugang zur Internetseite der Autorin lassen sich die einzelnen Buchkapitel kommentieren. Neben Feedbacks sind auch Fragestellungen möglich, die die Autorin per Sprachnachricht oder E-Mail beantworten wird.

Entscheide selbst, ob du Birgit Möller persönlich Feedback geben möchtest oder deine Meinung mit der gesamten Leserschaft teilst. Wenn Fragen zur Interaktion mit der Autorin aufkommen, beantwortet unser Verlagsteam diese gerne unter: leserfragen@marianprill-verlag.de

Das eigene Thema finden: Tipps für Gründerinnen und Gründer

Ich bin inzwischen wieder zuhause angekommen und bemerke eine immer stärkere innere Verbindung zu mir selbst. Das ist ein Aspekt, den ich auch mit meinen Kindern teilen möchte. Nichts und niemanden mehr im Außen für Dinge verantwortlich zu machen, die einem nicht ins Lebenskonzept passen, sondern selbst Verantwortung übernehmen – das ist äußerst heilsam.

Ich glaube, dass es genau an dieser Stelle häufig knirscht. Und genau an diesem Punkt entscheiden sich Menschen dazu, eigene Aktionen, Wünsche und Träume umzusetzen oder darauf zu verzichten.

Sophia hat Hundefriseurin gelernt. Das war eine private Ausbildung. Am liebsten würde sie später eine Hundepension eröffnen, hat sie gesagt. Bei allem, was man sich vornimmt, ist eines wirklich wichtig: Das eigene Ziel genau zu kennen. Ist es groß genug, braucht man anfangs noch nicht wissen, wie es sich erreichen lässt. Die Leidenschaft muss da sein und der Wunsch groß genug, es auch wirklich erreichen zu wollen. Meine Tochter ist noch in der Findungsphase. Es zeichnet sich deutlich ab, dass sie ihr Berufsleben den Tieren widmen wird. Für den Fall, dass sie sich dazu entscheidet, sich irgendwann mal selbstständig zu machen, gebe ich ihr als ersten Tipp mit auf den Weg, sich ganz konkret auszumalen, wie es sein wird und vor allem, wie es sich anfühlt, selbstständig zu sein. So als wäre dieser Fall bereits eingetreten.

Was wirst du tun, Sophia, welche Aufgaben erledigst du und wie fühlt es sich für dich in diesem Moment an, wenn du dich damit auseinandersetzt?

Im nächsten Schritt konkretisieren sich die Träume und Wünsche. Denn ganz ohne Strategie funktioniert es in der Regel nicht. Oder man ist bereit, eine Menge Lehrgeld zu bezahlen. Einen Businessplan erstellen – davor drücken sich einige Leute, weil sie nicht wissen, was in den Businessplan hineingehört. Irgendwie klingt der Begriff kompliziert und aufwendig. Ich selbst habe nie einen erstellt, weiß aber auch, dass er dabei helfen kann, Zeit und Nerven zu schonen, wenn man sich in Ruhe das Kosten-Nutzen-Verhältnis ansieht.

Ich habe immer ohne zu planen losgelegt, wusste nie, was dabei herauskommen wird. Damit habe ich mich auch mehr als einmal auf den Bauch gelegt. Dennoch war mein persönliches Ziel, finanzielle Unabhängigkeit, so groß, dass ich motiviert war, immer wieder aufzustehen und weiter zu machen. Letztendlich hat das auch zum Erfolg geführt: Ich verließ mich auf mein Bauchgefühl und blieb am Ball.

Eine wirtschaftlich schmerzhafte Erfahrung machte ich, als ich das erste Mal richtig viel Geld verloren hatte. Es muss um 2015 herum gewesen sein, als ich mit einem Anbieter in Kontakt trat, der mir einen Online-Shop für meine ersten Beautyprodukte bauen wollte.

Wir einigten uns auf 2.000,- Euro und eine Anzahlung von 30 Prozent. Ich wusste damals nicht, was die Entwicklung eines Online-Shops kostete, doch für mich war es sehr viel Geld. Dass der Anbieter seine Geschäftsadresse im Ausland hatte, machte mich nicht skeptisch und ich war durchaus auch bereit, mit Blick auf das in Aussicht gestellte Ergebnis knapp 700,- Euro vorauszuzahlen. Doch dann hörte ich nie wieder etwas von dieser Person. Der vermeintliche Anbieter reagierte auf keine Nachrichten mehr. Absolute Funkstille. Und mein sauer erspartes Geld war weg.

Und nun? Wer baute mir nun den ersten Onlineshop? Na, ich selbst. Ich brauchte einen Shop, um meine Utensilien professionell vertreiben zu können. Also kümmerte ich mich darum. Und das sah so aus: Ich sperrte mich fünf Tage lang zu Hause ein, stellte mein Telefon auf Flugzeugmodus und begann damit, mich mit einem Baukastensystem auseinanderzusetzen. Ich habe mir mehr oder weniger alles selbst beigebracht: Studierte Anleitungen, sah mir Tutorials dazu an und schraubte innerhalb von 60 Stunden meinen ersten eigenen Online-Shop zusammen. Mit diesem Shop haben wir eine ganze Weile gearbeitet, bevor ich eine Grafikerin einstellte, die die Optik verbesserte.

Inzwischen sind wir dabei, den dritten Shop professionell entwickeln zu lassen. Der Preis dafür beläuft sich auf eine fünfstellige Summe. Da sich dadurch eine Menge neuer Werbe- und Verkaufsmöglichkeiten ergeben, rechne ich damit, dass sich die Investition schnell bezahlt machen wird.

Im Laufe der Zeit wuchsen nicht nur meine Ansprüche an unsere Online-Strukturen, sondern auch die Angebotspalette selbst. Das Sortiment umfasst inzwischen 200 Produkte in unterschiedlichen Ausprägungen und diversen Unterkategorien.

An den ersten Verkauf selbst erinnere ich mich nicht mehr. Dafür aber an den Moment, in dem ich die ersten Farben in den Shop einstellte und sie zum Verkauf anbot. Mit dem wenigen Geld, das mir durch meine beruflichen Aktivitäten zur Verfügung stand – damals noch in Berlin – kaufte ich das Kosmetikzubehör. Und dann? Innerhalb von zwei bis drei Stunden war alles ausverkauft. Ich war baff. Nein, eigentlich war ich zunächst erschrocken. Was war denn das? Da hatten Kosmetikerinnen mir mein ganzes Arsenal abgekauft. Nun musste ich erst wieder zwei bis drei Wochen warten, bis neue Farben eintrafen. Erst als ich realisierte, was da passiert war, wurde mir klar, dass ich etwas entdeckt hatte, das geschäftlich eine tragfähige Zukunft bedeuten konnte.

Gerade für Menschen, die sich in der Findungsphase befinden, ist der gnadenlos fokussierte Blick auf das Ziel wichtig. Wenn es sich gut und leicht anfühlt, auch wenn du richtig viel klotzt, Sophia, bist du wahrscheinlich auf dem richtigen Weg. Fühlt es sich jedoch dauerhaft schwerfällig und zäh an, du merkst, dass deine Motivation sinkt und auch das kleinste Erfolgserlebnis ausbleibt, ist es an der Zeit, über das Aufgeben nachzudenken. Auch wenn du schon häufiger aufgegeben hast, solltest du dich nicht davon beeindrucken lassen und trotzdem vom Weg abweichen.

Ich habe so viele Dinge gemacht und gelernt, für die ich heute praktisch keine Verwendung habe. Ich habe wirklich viel ausprobiert und war auf meinem Weg immer offen, auch nach links und rechts zu schauen. Nicht alle Angebote brachten mich direkt und messbar weiter. Erfahrungen gesammelt und Dinge ausprobiert zu haben, war rückwirkend betrachtet, immer die richtige Entscheidung.

Ein Beispiel: Irgendwann wurde ich auf den Yager Code aufmerksam, ein Instrument, mit dem man Probleme lösen kann, ohne sich auf die Probleme zu fokussieren. Ein gewisser Dr. Edwin K. Yager entwickelte die Theorie, dass alles im Unterbewusstsein gespeichert ist und man erstaunliche Ergebnisse erzielen kann, wenn man sein höheres Selbst bittet, dies aufzulösen. Diese Theorie belegte er mit Fakten. Es war faszinierend, zu erleben, dass Leute, die jahrelang unter Schwindel litten, plötzlich beschwerdefrei waren und sich wieder uneingeschränkt bewegen konnten.

Das Ganze funktioniert jedoch auf einer sehr rationalen Ebene. Und damit war ich raus.

Es gab noch viele Dinge mehr, die ich lernen wollte. Umso mehr ich lernte, desto leichter konnte ich mich entscheiden, ob es zu mir passte oder nicht. Auch das Thema Blitzhypnose schaute ich mir genauer an.

Ein Showhypnotiseur aus Amerika präsentierte sein Können und ich war gespannt darauf, es selbst mal auszuprobieren. Wenn man sich voll darauf einlässt, dann kann das sehr spektakulär werden. Ich persönlich habe mich, als ich hypnotisiert wurde, sprichwörtlich „zum Obst" gemacht und hatte die Aufgabe, zu tanzen und ein Musikinstrument zu spielen. Das war ganz schön unangenehm, weil man weiß, was man merkwürdiges tut und nicht aufhören kann, dies zu tun. Dennoch war das ein interessantes Erlebnis.

Doch „Birgit Möller Blitzhypnose" kann ich mir beim besten Willen nicht vorstellen.

Das eigene Thema finden

Was kommt dir in den Sinn, wenn du dieses Kapitel auf dich wirken lässt? Worüber denkst du nach? Wie setzt du dich mit dir auseinander? Birgit Möller freut sich auf Feedback und Fragen.

autorenclub.de/bm/12

Über den Zugang zur Internetseite der Autorin lassen sich die einzelnen Buchkapitel kommentieren. Neben Feedbacks sind auch Fragestellungen möglich, die die Autorin per Sprachnachricht oder E-Mail beantworten wird.

Entscheide selbst, ob du Birgit Möller persönlich Feedback geben möchtest oder deine Meinung mit der gesamten Leserschaft teilst. Wenn Fragen zur Interaktion mit der Autorin aufkommen, beantwortet unser Verlagsteam diese gerne unter: leserfragen@marianprill-verlag.de

Im Einkauf liegt der Gewinn: Umgang mit finanziellen Engpässen

Ich habe mich aus einer Unzufriedenheit heraus selbständig gemacht. Bei Air Berlin fiel es mir schwer, mich Autoritäten unterzuordnen, wenn ich das Gefühl hatte, ungerecht behandelt zu werden. Und das war häufiger der Fall. Wahrscheinlich wurde mein Zweijahresvertrag bei der Fluglinie nicht verlängert, weil ich meine Meinung offen kundtat. Das war mir auch recht so. Doch nun musste ich eine neue berufliche Perspektive finden. Und ich hatte ziemlich schnell die Entscheidung getroffen, nicht länger im Angestelltenverhältnis arbeiten zu wollen. Stattdessen wollte ich mich selbständig machen und hatte den Wunsch, irgendwann mal eine bessere Chefin zu sein, als ich es selbst kannte.

So wie bei Air Berlin blieb ich auch in meiner Selbstständigkeit Bodenpersonal: Ich startete in der niedersächsischen Make-up-Schule „Cosmeda“ eine selbst bezahlte Ausbildung zur Fußpflegerin. Ich habe damals diese Richtung eingeschlagen, weil ich nach etwas suchte, womit ich gutes Geld verdienen konnte. Es widerstrebte mir, eine klassische Ausbildung zu machen. Fortbildungen waren hingegen eine gute und zeitsparende Alternative, um das Erlernte auch sofort in diesem Bereich anzuwenden. Am liebsten hätte ich zwar direkt die Kosmetikausbildung gemacht, doch sie war dreimal so teuer und für mich nicht erschwinglich.

Mit meinem kosmetischen Fußpflege-Zertifikat suchte ich mir schließlich eine Location, in der ich meine Leistungen anbieten konnte und fand in Berlin-Mariendorf, in der Straße, in der ich mit meinen Kindern lebte, einen kleinen Friseurladen, in dem ich unterkam. Ich mietete mir einen kleinen Raum an und erhoffte mir, nun richtig gutes Geld zu verdienen. Doch schnell bemerkte ich, dass ich mit der Fußpflege nicht so weit kam, wie ich gehofft hatte.

Also erweiterte ich meinen Horizont, machte erneut eine zusätzliche Ausbildung, diesmal zum Permanent Make-up-Artist. Ich kenne heute die Profis, denn sie gehören zu meinen Kunden und weiß daher umso besser meine Fähigkeiten einzuschätzen: Ich bin wohl eher durchschnittlich begabt. Jedenfalls suchte ich mir nun ein anderes Geschäft, in dem ich mich niederlassen konnte. Dabei handelte es sich um einen sehr exklusiven Laden – die Miete kostete mich ein kleines Vermögen. In der Hoffnung, üppig von dieser Kooperation profitieren zu können, kaufte ich mir zusätzlich ein spezielles Gerät. Und es ließ sich damit auch Geld verdienen. Allerdings waren die Kosten für Miete und Material einfach zu hoch, um gute Erträge zu erwirtschaften.

Die Inhaber des Ladens sahen davon ab, ihr Klientel an mich zu vermitteln. Irgendwie passten wir nicht zueinander und ehrlich gesagt, gehörten sie zu dem Schlag Mensch, mit dem ich heute nicht mehr zusammenarbeiten möchte.

„Der Gewinn liegt im Einkauf", sagt eine alte Kaufmannsweisheit. Das spielt vor allem für Gründerinnen, Gründer und Start-ups im Allgemeinen eine große Rolle. Wer anfängt, hat immer einen kapitalen Engpass. Es gehört etwas Fantasie und manchmal auch Mut dazu, die Lücken zu schließen. Aus Erfahrung kann ich sagen, dass man auch weiterkommen kann, wenn das Geld so knapp ist, dass sich Investitionen nicht sofort bezahlen lassen.

Das erste Beispiel, das mir dazu einfällt, ist privater Natur. Vor allem wenn man am Anfang steht und es um die persönlichen Belange geht, kann und sollte man sparen und Preise verhandeln, wo es nur geht.

Ich hatte die Zeit, in mich zu kehren, als meine Tochter in jungem Alter sehr krank wurde und ins Krankenhaus musste. Bevor sie wieder entlassen wurde, spürte ich, dass die Großstadt mich völlig überforderte und ich mich nach Ruhe sehnte.

Ich verspürte den brennenden Wunsch aufs Land zu ziehen und teilte diesen Gedanken schließlich mit Silvia, meiner früheren Freundin (die sich die Urlaube leisten konnte) und die der Liebe wegen Berlin verlassen hatte. „Silvia, ich möchte nicht mehr hier in der Stadt leben“, brach es am Telefon aus mir heraus. Für Silvia war die Lage klar: „Dann komm doch hierher, Birgit, zieh um, wenn Sophia aus dem Krankenhaus entlassen wird.“

Diese Idee nahm mich gefangen. Als ich Silvia in den nächsten Wochen häufiger besuchen fuhr, schien ich für ihren Vorschlag offen zu sein. Denn ich entdeckte ein Haus, das mir wahnsinnig gut gefiel. Es war einfach prächtig mit einem großen Grundstück und ich stellte mir vor, dass ich es war, die hier tagtäglich ein- und ausging.

Doch so schnell wie diese Gedanken kamen, gingen sie auch wieder. Wie sollte ich dies jemals bezahlen? Dieses Haus war einfach nicht meine Kragenweite. Und so verwarf ich diesen Wunsch und bemühte mich gar nicht erst, den Besitzer ausfindig zu machen und ihn nach dem Mietpreis zu fragen. Ich hatte mir ein anderes Häuschen ausgesucht, das in meine Preisklasse fiel. Wenn ich das hier so zum Besten gebe, muss ich selbst lachen, denn ich kannte den Preis des anderen Hauses gar nicht. Ich hatte mit den Renovierungsarbeiten begonnen und schon einiges an Geld dafür investiert.

Immer wieder fuhr ich an dem großen Grundstück mit dem Herzstück aus Beton vorbei, das auch nach Wochen noch leer stand. Plötzlich erhöhte sich mein Pulsschlag und wie von einer anderen Kraft gelenkt, schnappte ich mir mein Telefon, ging auf das Haus zu und rief die angeschlagene Telefonnummer an, die ich diesmal entdeckte. Ein freundlicher Herr meldete sich am anderen Ende der Leitung und ich erklärte ihm, dass ich mich für das Haus interessiere und den Mietpreis in Erfahrung bringen wolle. Er bestätigte mir, dass der Bau schon sehr lange leer stünde und meinte: „Das Haus verfügt über eine Fläche von 200 Quadratmetern und ist von insgesamt 1200 Quadratmetern Grundstück umgeben. Es ist eigentlich ein Spottpreis, den ich dafür haben möchte: 800,- Euro warm."

Die Zahl fuhr mir durch alle Knochen. Denn sie überschritt mein Limit bei weitem. Doch hier wollte ich wohnen und nirgends sonst. Also antwortete ich ihm ruhig und gelassen: „Ich habe leider nur ein Budget von 650,- Euro im Monat zur Verfügung. Wenn ich mehr zahlen kann, werde ich mehr zahlen."

Und was passierte dann? Ich bekam es! Es ist das Haus, in dem ich heute mit meiner Familie lebe.

Meine Kinder fanden es toll, wegzuziehen. Und ich habe mich nach Natur gesehnt, nach dem kompletten Kontrast zur Hauptstadt. Berlin stresste mich: Zu viele Menschen, zu viel Verkehr, zu laut und zu verbaut.

Am 10. Juli 2010 war es dann so weit. Ein gepackter LKW stand vor unserem Haus. Der Umzug selbst war natürlich anstrengend, doch ich war einfach nur glücklich. Das war es, auf Wiedersehen Zweizimmerwohnung und auf Wiedersehen Berlin. Wir fuhren in eine unsichere Zukunft, doch meine Intuition sagte mir, dass ich das Richtige tat.

Der Lärm wurde leiser. Hallo, neues Leben, hallo Werben. In der Grundschule waren nicht mal zehn Kinder in einer Klasse. Meine Entscheidung war aus heutiger Sicht die beste Entscheidung, die ich treffen konnte. Während es in Berlin nicht einmal auffiel, wenn ein Kind krank war und nicht zur Schule ging, gab es auf dem Land eine ausgezeichnete Betreuung. Das war ein Unterschied wie Tag und Nacht.

Als wir das erste Mal im Haus ankamen, hatten wir nichts außer zwei Sofas, auf denen wir im Wohnzimmer schliefen. Es war wie ein Traum und ich hätte mir nie vorstellen können, dass ich das erreichen kann. Ich war einfach überwältigt und hatte das erste Mal das Gefühl, zuhause angekommen zu sein. Ein kleiner Wermutstropfen, kaum der Rede wert, war, dass der Vermieter mir Monat für Monat vorrechnete, dass er noch Geld mitbrächte. Doch er hat es trotzdem gemacht.

War es eine Eingebung? Vermutlich. Ich spürte, dass ich genau hierher gehörte. Und so war es dann auch. Nach einiger Zeit war es mir möglich geworden, mehr Miete zu bezahlen. Und inzwischen haben sich auch die Eigentumsverhältnisse geändert.

Der Raum, mich entfalten zu können, ist heute üppig: 200 Quadratmeter Wohnfläche und 1200 Quadratmeter Grundstück in Werben. Und noch einmal 260 Quadratmeter Aktionsraum in Stendal. Das Geschäftsumfeld umgeben dort 600 Quadratmeter Grundstücksfläche.

Auch die nächste Begegnung, von der ich berichte, soll Marktneulingen Mut machen, Preisnachlässe und Rabatte zu erfragen und Zahlungsfristen weit in die Zukunft zu verschieben oder zumindest, dies anzustreben:

Ich hatte mit einer Friseurin zusammengearbeitet und dabei ein Gerät kennengelernt, bei dem ich das Potenzial sofort erkannte. Der Name: „DiViNiA“. Ich war weit davon entfernt, mir dieses Gerät leisten zu können, doch ich ließ es mir nicht nehmen, zu versuchen, einen guten Deal auszuhandeln. Ich rief also den Inhaber an und zeigte meine Wertschätzung: „Ich glaube an die DiViNiA und bin mir sicher, dass man damit wirklich viel Geld verdienen kann. Doch leider kann ich aktuell die Kaufsumme nicht aufbringen. Sehen Sie Möglichkeiten, dass ich dennoch damit arbeiten kann? Und wenn ja, welche?

Jawoll! Wir einigten uns zunächst auf die Gerätemiete und dann auf einen Mietkauf. Und diese Investition hatte es in sich. Es handelte sich um das erste Gerät, mit dem ich innerhalb einiger Wochen fünfstellige Umsätze verdiente. Das kam mir wie das Durchbrechen der Schallmauer vor und war extrem viel Geld. Und dieses Geld vermehrte sich immer weiter. Ich ließ keine Gelegenheit aus, den Menschen in meinem Umfeld von ihren neuen Möglichkeiten zu berichten. Ich schaltete eine große Anzeige in der Zeitung und mein Telefon stand nicht mehr still. Es klingelte in einer Tour. Ein Termin nach dem anderen kam zur Tür hinein. Und wir verkauften den Leuten Zehner-Behandlungskarten.

In diesem Moment hatte ich das erste Mal eine Vorstellung von der Süße des Erfolgs. Wenn ich mir meine Worte durchlese, bekomme ich Gänsehaut.

Gerade auch, weil mir die Zeiten immer noch sehr präsent sind, in denen Geld in meinem Leben zu Mangelware gehörte. Ich war eine derjenigen, die Angst hatte, zum Briefkasten zu gehen, weil sie ahnte, dass dort die nächsten Zahlungsaufforderungen auf sie lauerten.

Mit der Zeit veränderte sich dies jedoch. Es war ein langer Prozess von „Oh Gott, wie soll ich nur meine Rechnungen bezahlen?“, bis hin zu „Es fühlt sich megacool an, dass ich alles bezahlen kann, keine Schulden habe und nicht auf den Preis schauen muss, sondern mir das kaufen zu können, was mir gefällt.“

Zu einer der ersten größeren Anschaffungen gehörte die erste wirklich gute Küche. Ich legte sie mir zu, nachdem der Besitzer das Haus verkauft hatte. Mein Freund baute um und modernisierte die Räume, während ich mich nach einer passenden Kücheneinrichtung umsah. Ich entschied mich für ein Modell, das mit Elektrogeräten etwa 20.000,- Euro kostete und die Verkäuferin erkundigte sich nach der Ratenhöhe.

Doch dafür sah ich in diesem Fall keine Notwendigkeit. Ich wollte keinen Kreditvertrag in Anspruch nehmen, der den Preis schlussendlich hätte steigen lassen. „Ich überweise Ihnen das Geld", sagte ich und schaute in ein positiv überraschtes Gesicht. Die Küche mit einer Transaktion auszulösen, hat sich wirklich gut angefühlt.

Der Kontrast ist wirklich enorm: Früher machte ich um die Banken einen Riesenbogen. Weder bat ich um Hilfe, noch fragte ich jemanden nach einem Kredit. Das wäre für mich undenkbar gewesen, da ich sowieso kein Geld bekommen hätte. Also traute ich mich auch nicht zu fragen. Alles, was ich mit dem Finanzwesen zu tun hatte war, an den Geldautomaten zu gehen und Geld abzuholen, wenn welches auf meinem Konto war.

Heute nimmt man mich auch als Unternehmerin wahr. Manchmal habe ich fast schon das Gefühl, dass mir der rote Teppich ausgerollt wird. Der Filialleiter meiner Bank winkt mich zu sich ins Büro. Ich brauche mich nicht in die Schlange stellen und darauf warten, bis ich an der Reihe bin. Stattdessen wird mir Kaffee angeboten.

Der Chef der Filiale sagt, dass er an mir schätzt, dass ich eine solch positive Ausstrahlung habe. Und ich habe auch allen Grund dazu. Es kam schon dazu, dass das Unternehmen wachstumsbedingt zu einer extrem hohen Steuernachzahlung verpflichtet wurde. Doch ich musste nicht schwitzen. Ich bekam einen sechsstelligen Betrag zugesprochen. Einfach gefragt und direkte Zusicherung. Was will man mehr? Außerdem verfügt die Firma inzwischen schon über drei Immobilien.

Das alles erscheint mir noch immer unwirklich. Ich kann es eigentlich kaum fassen, möchte es natürlich auch nicht mehr missen. Zu wissen, dass man angekommen ist, sich nicht mehr so getrieben fühlen muss, ist ein hervorragendes Gefühl.

Im Einkauf liegt der Gewinn

Was kommt dir in den Sinn, wenn du dieses Kapitel auf dich wirken lässt? Worüber denkst du nach? Wie setzt du dich mit dir auseinander? Birgit Möller freut sich auf Feedback und Fragen.

autorenclub.de/bm/13

Über den Zugang zur Internetseite der Autorin lassen sich die einzelnen Buchkapitel kommentieren. Neben Feedbacks sind auch Fragestellungen möglich, die die Autorin per Sprachnachricht oder E-Mail beantworten wird.

Entscheide selbst, ob du Birgit Möller persönlich Feedback geben möchtest oder deine Meinung mit der gesamten Leserschaft teilst. Wenn Fragen zur Interaktion mit der Autorin aufkommen, beantwortet unser Verlagsteam diese gerne unter: leserfragen@marianprill-verlag.de

Ungeniert unroutiniert: Nichts geht über das perfekte Team

Es ist 5.58 Uhr. Gerade bin ich wach geworden, weil ich ausgeschlafen habe. Am liebsten folge ich meiner inneren Uhr. Deshalb hat auch irgendwann mein Wecker ausgedient. Wenn er doch mal klingelt, dann lese ich als erstes liebevolle Botschaften, die ich mir selbst geschrieben habe, zum Beispiel: Lächle. Oder: Du bist toll. Was gibt es besseres, als den Tag mit positiven Affirmationen zu starten?

Ich trinke einen halben Liter Wasser, es darf auch gerne mit einem Spritzer Zitrone angereichert sein. Denn das ist gut für die Haut, den Stoffwechsel und fürs Wohlbefinden. Und dann gehe ich 10 bis 15 Minuten auf die Schumannplatte. Diese Aktivitäten helfen mir dabei, in eine noch bessere Frequenz zu kommen. Im Anschluss frühstücke ich – den Tag beginne ich meistens mit Obst. Was dann nicht fehlen darf, sind im Anschluss ein guter Kaffee und mein Kalender.

Im Büro angekommen, freue ich mich darüber, dass ich ein tolles Team habe, das sich um einen großen Teil der Arbeit kümmert. Olli fühlt sich verantwortlich für technische Fragen und die Technik selbst, meine Freundin und Kollegin Elke schult und ich führe heute Kundengespräche.

Ab und zu kommt es vor, dass ich auch noch Behandlungen durchführe. Zu einer der intensivsten Kundenkontakte kam es übrigens, als ich im vergangenen Jahrzehnt Anja kennenlernte. Anja Rose.

Ich hatte mir im Haus in Werben gerade einen der Räume zum Kosmetikstudio hergerichtet, als ich auf die Idee kam, meine Leistungen und Angebote in der neuen Umgebung mit einem „Tag der offenen Tür" bekannt zu machen. Auch Anja besuchte mich, die ich ein paar Tage zuvor eher unfreiwillig kennengelernt hatte: Unter anderem um das Anwesen abzusichern, lief ein Hund in meinem Garten herum.

Als meine Fast-Nachbarin Anja – wie sich später herausstellte, wohnt sie nur zwei Häuser weiter – dann mit ihrer Oma die Straße entlang spazierte, sprang mein Vierbeiner wie ein Wahnsinniger über die Hecke. Ich bekam das mit, unterbrach geistesgegenwärtig die kosmetische Behandlung, die in diesem Moment stattfand und lief ihm hinterher, um ihn einzufangen.

Erst kürzlich haben wir Tränen gelacht, als wir uns daran erinnerten: „Du hast wie eine Ärztin ausgesehen, mit deiner Brille und dem weißen Kittel, der im Wind wehte", prustete Anja, „als du plötzlich auf die Straße gelaufen kamst und schreiend dem Hund hinterher ranntest: ‚Komm wieder', hast du gerufen, ‚komm wieder her.'"

Wir waren uns gleich von Anfang an sympathisch. Wir sind ziemlich schnell Freunde geworden. Anja ist Künstlerin und ich finde ein ganz besonderer Mensch. Sie malt und schreibt Gedichte. Und vor allem schrieb sie mit mir zusammen ein Stück weit auch Unternehmensgeschichte.

Zunächst wurde Anja meine Kundin. Sie buchte viele Behandlungen bei mir und bekam mit, dass das Geschäft nur stockend vorankam. Kein Wunder: Mit der Zeit musste ich feststellen, dass eine 800-Seelen-Gemeinde nicht unbedingt der angesagteste Platz war, um gut von kosmetischen Behandlungen leben zu können. In der Zwischenzeit lief auch das Geschäft in Berlin weiter, das Elke dort für mich betrieb. Perspektivisch hätte ich das alles gerne an einem Ort versammelt. Es sollte nicht nur der neue private, sondern auch der neue geschäftliche Lebensmittelpunkt werden. Meine Motivation, ständig nach Berlin zu fahren, sank ins Bodenlose. Das war auch der Grund, später den Standort in Stendal zu eröffnen.

Beauty-Anwendungen sind etwas sehr Persönliches. Unweigerlich kommt man ins Gespräch. Und ich schwärmte Anja von der DiViNiA vor, worauf sie mir antwortete, dass sie über eine Menge Geld verfügte, das ihr ihr Freund hinterlassen habe, der vor seiner Zeit gegangen ist. Ihren Worten folgten Taten. Obwohl Anja mich noch nicht lange kannte, lieh sie mir einen höheren fünfstelligen Betrag, womit ich sowohl das Gerät kaufen und zusätzlich 2011 ein neues Fitnessstudio eröffnen konnte. Dafür hatte ich das Konzept für einen Fitnesszirkel gekauft. Und auch wenn ich viel Energie investierte, um diese zusätzliche Einnahmequelle in Osterburg aufzubauen, floppte sie: Nach weniger als zwei Jahren machten wir den Laden wieder zu.

Von dieser Niederlage ließen wir uns jedoch nicht beeindrucken. Ganz im Gegenteil. 2012 wurden wir von der Dekra zertifiziert und haben dann in Stendal über Bildungsgutscheine vom Arbeitsamt Kosmetikerinnen und Nageldesignerinnen ausgebildet. Das lief über drei Jahre und hielt mir den Kopf über Wasser.

Schließlich und endlich wurde Anja nicht nur meine Investorin, weil sie als einer der ersten Menschen in meinem Umfeld mein Potenzial gesehen hat, das ich durch ihre Unterstützung voll entfalten konnte, sondern auch die Geschäftsführerin meines Unternehmens. Auch das war ein wichtiger Schritt für den bevorstehenden Erfolg. Ich möchte hier noch einmal explizit erwähnen, dass ich es ohne Anjas Unterstützung so auch nicht geschafft hätte. Ich hatte ja keine Investitionsmittel, war damals noch weit davon entfernt, irgendwo einen Kredit zu bekommen. Doch meine Visionen haben mich immer weiter vorangebracht, auch in schwierigen Zeiten. Ich habe mich immer gefragt, wie es doch gehen kann, wie es anders gehen kann. Wahrscheinlich war auch das der Grund dafür, mich auf eine besondere Art bei Anja zu bedanken.

Irgendwann wurde ich nämlich auf ein Fernsehformat aufmerksam, in dem ein Film-Team Häuser wohnlicher gestaltete. Anjas Haus zeigte bereits Verschleißerscheinungen und so schrieb ich die Redaktion an und berichtete ihr von Anjas bedingungslosem Einsatz. Letztlich wurde das kleine Fleckchen Werben zum Filmset: Handwerker rotierten, während eine blonde Moderatorin den Einsatz vor einem Millionen-Publikum kommentierte. Der Arbeitseinsatz dauerte einen ganzen Tag, bis spät in die Nacht. Die Sendung lief jedoch nur 90 Minuten. Am Ende des Tages war das Haus bis in die obere Etage verschönert mit einer neuen Einbauküche und einem Schlafzimmer. Auch Flur und Wohnzimmer bekamen einen neuen Anstrich. Es rückte ein Riesen-Team an – das war sehr beeindruckend. Und ich war glücklich, mich ein wenig revanchieren zu können. Ich verdanke Anja viel, doch Elke nicht weniger.

Anja und Elke gehören neben meinen Töchtern und meinen Trainerinnen zu den wichtigsten Frauen in meinem Leben. Elke habe ich noch in Berlin kennengelernt, als ich den zweiten Laden anmietete, gleich nachdem ich die kosmetische Ausbildung abgeschlossen hatte. Ich erwähnte bereits den exklusiven Laden, von dem ich erwartet hatte, dass fruchtbare Kooperationen zustande kämen. Das passierte zwar nicht – ich bezahlte ein Heidengeld für die Miete – allerdings traf ich dort auch auf Elke. Sie arbeitete für das Team dort vor Ort. Wir verstanden uns prächtig und hielten Kontakt, auch als ich mich aus dem teuren Ladenlokal verabschiedete und weitere Locations ausprobierte. Eine letzte Stippvisite war noch auf dem Ku'damm nötig, bis ich eine Friseurmeisterin kennenlernte, die gerade im Begriff war, einen eigenen Laden anzumieten und bei der ich als Untermieterin zwei Räume beziehen konnte.

Inzwischen hatte ich mich bis in den Stadtteil Tiergarten vorgearbeitet, als ich mit der besagten DiViNiA die ersten Erfolge feierte. Elkes Arbeitgeber musste sein Geschäft aufgeben, offenbar war ich nicht die Einzige, die sich mit dessen Gebaren nicht anfreunden konnte. Als ich nach Werben zog, hielt Elke die Strukturen in Berlin am Laufen. Das waren die ersten wichtigen unternehmerischen Entscheidungen, da sie mein Unternehmen auf Kurs brachten.

Erst vor Kurzem staunten wir nicht schlecht: Inzwischen sind zwölf Jahre vergangen, seit wir uns das erste Mal gesehen haben. Und der richtige Zeitpunkt, das Ganze in Berlin zu liquidieren, war dann gekommen, als der PlasM das Licht der Welt erblickt hatte. Nun brauchte ich ja dringend Leute, die Schulungen gaben und den Anwenderinnen und Anwendern beibrachten, wie sie die Geräte richtig einsetzten. Mit Elke begann der Aufbau unseres Trainerteams.

Elke ist zehn Jahre älter als ich. Biologisch wäre es kaum möglich, doch wenn ich mir eine Mutter hätte wünschen können, dann wäre es Elke gewesen. Sie ist ein energetischer Mensch, ich fühle mich in ihrer Umgebung geborgen. Sie war es auch, die mich auf das Seminar „Yager Code" aufmerksam gemacht hat, das ich buchte und damit letztlich viel über über mich selbst erfuhr. Ich habe mit Elke häufig über meine Gefühle und Erfahrungen gesprochen. Sie konnte hinter meine Schmerzen blicken und ermöglichte mir neue Perspektiven. Ich bin unendlich froh, dass sie hier mit mir in Stendal aktiv ist. Dafür bin ich Elke sehr dankbar.

Vor allem, weil die Zeiten des finanziellen Drucks längst gewichen sind und der finanziellen Ausgeglichenheit Platz eingeräumt haben, macht die Arbeit so viel Spaß. Wir teilen viel Freude miteinander und das spüren auch unsere Kunden, die gerne zu uns kommen. Elke sagt immer mal wieder, dass es für sie wie Urlaub ist, wenn sie hier arbeiten kommt – weil es so friedlich ist.

Und manchmal kommt auch mir die Zusammenarbeit wie ein gemeinsamer Urlaub vor. Auch dann, wenn wir den Tag kulinarisch ausklingen lassen – im Atrium oder wie gestern zum Beispiel im Le Petit. Beide Lokale gehören zu meinen Lieblingsrestaurants in Stendal.

Ich achte penibel darauf, mir jeden Tag etwas Gutes zu tun. Das kann ein ausgedehntes Dinner oder auch mal eine Massage sein. Ich liebe es, meine freie Zeit mit den Tieren zu genießen, Inliner zu fahren und kürzlich habe ich mit Yoga begonnen.

Wenn ich in meinem Büro ankomme, kann ich mich zwischen drei Schreibtischen entscheiden. An einem von ihnen sitze ich hauptsächlich, am anderen, wenn Zoom-Calls mit Zulieferern oder Coachees anstehen. Und Tisch Nummer drei ist eingeplant für administrative Aufgaben: Ich liebe es, mich um unsere Buchhaltung zu kümmern. Wenn ich Leuten erzähle, dass ich das gerne mache, weil ich das als meditativ für mich empfinde, dann schauen mich einige verdutzt an. Es entspricht der Tatsache.

Meine Ideen hingegen entwickle ich eher von unterwegs. Im Auto zum Beispiel. Dann rufe ich Oliver an und brainstorme mit ihm über die nächsten technischen Entwicklungen. Doch auch, wenn meine Office-Stunde ansteht, stehe ich mit ihm in Kontakt. Kunden-E-Mails, technische Fragen und Aufträge leite ich direkt an Oliver weiter. Er kümmert sich hauptsächlich um den Shop, baut den PlasM, unseren Plasma-Pen und ist damit eine wahnsinnig große Unterstützung.

Drei, vier Stunden nach Arbeitsbeginn befinde ich mich häufig unter freiem Himmel. Ich liebe ausgedehnte Spaziergänge und genieße die Zeit an der frischen Luft. Mehr brauche ich nicht. Richtige Routinen können sich in diesem operativen Umfeld nicht einstellen, weil jeder Tag neue Herausforderungen mit sich bringt.

Ich muss gestehen, dass ich es auch mag, keinen Nine-to-Five-Job zu haben, in dem immer alles gleich und geregelt ist. Abwechslung statt Monotonie. Alles andere würde ich langweilig finden. Und das ist auch der Grund dafür, weshalb ich die Menschen, die sich nach Selbstständigkeit sehnen, dazu ermutige sich selbstständig zu machen und den Grundstein für ein selbstbestimmtes Leben zu legen. Wird es leicht? Nein. Doch kann man es schaffen?

Ja. Ich denke so, weil ich selbst danach strebe, jeden Tag besser zu werden. Es muss nicht die Riesenentwicklung sein, doch eine kleine Optimierung, eine kleine Verbesserung, ein kleiner Erfolg – jeden Tag – das bringt Glücksgefühle mit sich. Ich wünsche mir zum Beispiel, ökologischer zu arbeiten. Die Berge an Papier zu minimieren und irgendwann komplett zu eliminieren.

Doch auch Verbesserung an mir selbst strebe ich an. Im Laufe der Jahre habe ich gelernt, mehr auf mich selbst zu achten. Ich bin viele Jahre zu kurz gekommen, mein Körper hat sehr gelitten, weil ich nicht besonders gut zu mir selbst gewesen bin. Manchmal tickt meine innere Uhr so laut, dass ich sie hören kann. Dann verschiebe ich auch schon mal Termine, wenn ich merke, dass ich einfach Ruhe brauche. Das passiert nicht oft. Doch ich achte generell mehr auf mich, mir ist bewusst geworden, was ich brauche. Das muss keine richtige Routine sein, denn ich liebe Intuition und generell frei über meine Zeit verfügen zu können. Dazu gehört aber, mich von den Aufgaben zu befreien, die mich zu sehr in Beschlag nehmen.

Ein riesiges Haus bringt natürlich auch eine ganze Menge Aufgaben mit sich. Eine Reinigungskraft allein reicht nicht aus, deshalb suche ich auch aktuell nach einer festangestellten Haushälterin. Ich hoffe, dass die perfekte Frau in mein Leben tritt, denn gestern habe ich mich entschieden, eine Zeitungsannonce aufzugeben. So bleibt mehr Zeit, für die schönen Dinge im Leben. Ich liebe es, wenn ich es schaffe, ein Buch zu lesen, mir motivierende Videos anzusehen und schöne Musik zu hören. Und auch sportliche Übungen gehören zu meiner Tagesplanung dazu. Deshalb habe ich mir auch eine App auf dem Handy installiert, um in Bewegung zu bleiben.

Ungeniert unroutiniert

Was kommt dir in den Sinn, wenn du dieses Kapitel auf dich wirken lässt? Worüber denkst du nach? Wie setzt du dich mit dir auseinander? Birgit Möller freut sich auf Feedback und Fragen.

autorenclub.de/bm/14

Über den Zugang zur Internetseite der Autorin lassen sich die einzelnen Buchkapitel kommentieren. Neben Feedbacks sind auch Fragestellungen möglich, die die Autorin per Sprachnachricht oder E-Mail beantworten wird.

Entscheide selbst, ob du Birgit Möller persönlich Feedback geben möchtest oder deine Meinung mit der gesamten Leserschaft teilst. Wenn Fragen zur Interaktion mit der Autorin aufkommen, beantwortet unser Verlagsteam diese gerne unter: leserfragen@marianprill-verlag.de

Vertrieb, Vermarkten, Verkaufen: Der Aufstieg in ein neues Leben

Mit dem wirtschaftlichen Erfolg meines Unternehmens ist untrennbar auch folgende Geschichte verbunden: Irgendwann habe ich das erste Mal vom Plasma Pen erfahren, einem Gerät, das in Israel hergestellt wurde und das unter anderem dazu eingesetzt wird, um überschüssige Haut am Augenlid, Falten oder gutartige Hautmakel in Minutenschnelle zu entfernen.

Als ich das vernahm, wollte ich dieses Instrument unbedingt kennenlernen. Also fuhr ich zu einer Produktpräsentation nach Hannover. Abgehalten wurde sie in den Räumlichkeiten einer Hautärztin. Der verantwortliche Vertriebler meinte zu mir, dass nur Ärzte und Heilpraktiker daran teilnehmen dürften. Dies jedoch hinderte ihn keineswegs daran, mich mehr oder weniger in die Veranstaltung zu schmuggeln. Er war ein Vermarkter, wie er im Buche stand und sein Credo lautete offenbar: „Wer sich für das Gerät interessiert, der soll es auch bekommen." Freundlicherweise gab er mir den Tipp, eine Kooperation mit Arzt oder Heilpraktiker anzustreben. Denn sie wäre Bedingung, um den Kauf über die Bühne gehen zu lassen. Zunächst einmal sah ich mir also die Veranstaltung inkognito an und war fasziniert. Der gute Ruf, der dem Plasma Pen voraus eilte, war berechtigt. Ich war davon überzeugt, dass das, was ich da sah, ganz sicher dazu geeignet sein würde, gute Umsätze zu erzielen. Stellte sich nur noch die Frage, wie ich an einen solchen Plasma Pen kommen sollte, ohne Medizinstudium oder Heilpraktikerausbildung. Ich dachte daran, tatsächlich Kontakte zu einer Medizinerin aufzubauen.

Doch dazu kam es nicht mehr. Mein Wunsch, den ich an das Universum geschickt hatte, wurde mir schneller erfüllt als gedacht: Zu dieser Zeit war ich bereits acht Jahre als Kosmetikerin im Einsatz, pflegte internationale Beziehungen und wurde zu einem Kongress nach Serbien eingeladen. Ich war als Exklusivverkäuferin für einen US-amerikanischen Hersteller spezieller Permanent-Make-up-Farben aktiv.

Dazu wiederum kam ich, weil ich selbst die Farben anbot. Als ich feststellte, dass sie sehr beliebt waren, weil sie über hervorragende Eigenschaften verfügten, es aber noch keinen professionellen Verkauf in Deutschland gab, bewarb ich mich darum. Die Antwort auf meine Anfrage erreichte mich Monate später. Zunächst prüfte der Hersteller meine Unterlagen und dann konnte es losgehen. Das Geld, das ich für die Arbeit bekam, war knapp, doch die Produkte öffneten mir Türen zu neuen Interessenten. Ich hatte seinerzeit auch einen sehr bekannten Microblader nach Deutschland eingeladen, weil ich 2016 Zubehör für Microblading in den Shop aufgenommen und erfolgreich verkauft hatte.

Jedenfalls referierte ich in Serbien über besagte Farbprodukte, die ich in größeren Mengen an Beautystudios verkaufte. Und wie es der Zufall wollte, saß ich abends mit einer kleinen Gruppe Kongressteilnehmerinnen beim Abendessen, als eine junge Frau wie aus dem Nichts davon erzählte, dass ihr Chef gerade dabei sei, einen Plasma Pen für Kosmetikerinnen herzustellen. Zunächst dachte ich, ich hätte mich verhört. Aber nein, ihr Chef arbeite an diesem Gerät, versicherte mir die junge Frau und ich bat sie darum, einen Kontakt zu dem Mann herzustellen, der mir den Weg in eine neue Welt ebnen sollte.

Witzigerweise musste ich erst nach Serbien reisen, um zu erfahren, dass der Entwickler dieses Plasma Pens gleich bei mir um die Ecke seine Werkstatt hatte. In Berlin. An den Vertrieb des Geräts hatte ich noch gar nicht gedacht. Ich wollte es für eigene Zwecke nutzen, es sollte in meinem Studio Anwendung finden. Ich schmiedete bereits Pläne und vereinbarte einen Termin mit dem Ingenieur, als das Gerät noch gar nicht einsatzbereit war.

Ich lud eine Kundin ein, die sich ebenfalls dafür interessierte und machte vor Ort meine Kaufabsicht deutlich. Und wenige Wochen später war es dann so weit: Diesmal hatte ich sogar zwei weitere Interessentinnen im Schlepptau, um die Schulung zu absolvieren, die mit dem Erwerb des Geräts verbunden war.

Die Tinte auf meinem Kaufvertrag trocknete gerade, als ich beschloss, eine weitere Kundin anzurufen, um ihr von diesem Wunderwerk zu erzählen. Das Ende vom Lied: Ich verkaufte ihr ein Gerät direkt am Telefon. Wenn ich von etwas überzeugt bin, dann kann ich nicht anders, als meine Begeisterung mit anderen zu teilen. Dass dies auch immer wieder mal zu ungeplanten Verkäufen führte, war die Konsequenz und passierte mir schon öfter. Was mich in diesem Moment jedoch überraschte, war, dass es sich hier ja schon um eine mehrere tausend Euro teure Investition handelte.

Etwa 14 Tage später klingelte mein Handy. Ich hatte gerade meinen Partner kennengelernt und wir waren auf dem Weg in die Stadt. Der Plasma-Pen-Ingenieur war am anderen Ende der Leitung zu hören. Er erklärte mir, dass er entzückt davon war, dass ich zwei Geräte vermarktete, praktisch während ich selbst noch geschult wurde. „So etwas“, so sagte er, „hätte er bis dahin auch noch nicht erlebt“. Dann stellte er eine Frage, die ich ohne nachzudenken, mit „Ja“ beantwortete und die mein Herz höher schlagen ließ: „Frau Möller, haben Sie Interesse, den Vertrieb für Deutschland zu übernehmen?

Dieser Moment ist mir noch sehr präsent. Als ich aufgelegt hatte, spürte ich, dass sich an diesem Tag mein Leben grundlegend verändern würde. Ich war völlig baff: Ein mir fast völlig fremder Mensch wollte mich für den Vertrieb seiner Herzensangelegenheit einsetzen. Meine Motivation und Leidenschaft hatten ihn überzeugt.

Ich glaube, dass mir der Spaß am Verkaufen in die Wiege gelegt wurde. In dieser Beziehung bin ich meinem Vater sehr ähnlich. Denn auch er ist ein Vollblutverkäufer. Wenn es meine Zeit zulässt, gehe ich gerne auf Flohmärkte. Und wann immer jemand an meinem Stand vorbeikommt und sich für meine Produkte interessiert, beschreibe ich Nutzen und Vorteile, die ich mit dem jeweiligen Produkt verbinde. Es fällt mir besonders leicht, Dinge zu verkaufen, hinter denen ich hundertprozentig stehe.

Vor allem natürlich auch im geschäftlichen Kontext.

Wenn ich mich auf Messen vorbereite, dann nur mit Produkten, auf die ich schwöre. Vor meinem geistigen Auge sehe ich die vergangenen Messen in Düsseldorf und Dubai und Las Vegas.

Schon beim Konzipieren des Messestands fängt im Prinzip der Verkauf an. Was ist die Kernbotschaft, die ich den Standbesuchern mitteilen möchte? Mit welchen Farben und Features packe ich diese Botschaften ein? Mindestens genauso wichtig, wie die Beschaffenheit des Messestands selbst, sind die Menschen, die das Ganze erst lebendig werden lassen. Für mich war es immer das Nonplusultra, dass alle Beteiligten Spaß hatten.

Wenn positive Energie versprüht wird, dann vermittelt sich dies den Besucherscharen, sie bleiben stehen und man kommt ins Gespräch. 72 Stunden Aufopferung für die gute Sache, für die Kunden und das Unternehmen – das ist wie Hochleistungssport. Den Vergleich finde ich passend, denn in meiner Jugend war ich Hochleistungssportlerin. Trainieren, trainieren, trainieren – abliefern und dann am Ende ist man platt – aber glücklich.

Nicht nur die Aussteller geben auf den Messen in der Regel ihr Bestes, auch die Besucher. Ich erinnere mich noch an eine der ersten Messepräsenzen. Zu dieser Zeit konnte ich in meinem Online-Shop noch nicht mehr anbieten, als eine bunte Farbpalette an kosmetischen Pigmenten. Aufgrund meiner begrenzten finanziellen Mittel, war die Menge an Farben, die ich auf Lager hatte, stark limitiert. Zu dieser Zeit war Dropshipping, also das

Versenden fremder Produkte über die eigenen Kanäle gegen Provision, hierzulande noch kein großes Thema.

Ich glaube, es war die zweite Messe, auf der ich ausstellte. Gerade hatten sich die Tore für die Besucher geöffnet, da sprintete eine Frau im sportlichen Laufschritt auf mich zu. Sie rannte regelrecht zu meinem Stand. Ich fragte sie, wie ich ihr denn helfen könne. Völlig außer Puste gab sie ihre Bestellung auf und erklärte dann: „Ich wollte als Erste hier sein, damit ich noch alle Farben bekomme, die ich brauche." Das hat mich wirklich berührt. Es hat mich aber auch überrascht, dass Menschen so auf die Produkte fokussiert waren, die ich anbot und sie unbedingt kaufen wollten.

Ich fragte sie und auch andere Kundinnen, die zielgerichtet den Stand aufsuchten, woher sie mein Unternehmen kannten. Durch Gespräche mit ihnen wurde mir im Laufe der Zeit klar, dass das, was ich online hinter verschlossenen Türen aufgebaut hatte, keineswegs im Verborgenen blieb. Ich hatte mir einen Namen gemacht und war bekannt geworden, ohne es zu wissen. Aus dem Nichts hatte ich eine Marke aufgebaut, deren Ruf ihr vorauseilte.

Ein Hinweis noch an dieser Stelle für Gründerinnen und Gründer, die sich überlegen, das eigene Unternehmen auf Messen zu präsentieren: Es macht Spaß, kann enorme Erfolge mit sich bringen in puncto Bekanntheit und Kundenaufbau, ist aber gleichzeitig keine Sache, die man auf die leichte Schulter nehmen sollte. Sonst verbrennt man viel Geld.

Gutes Personal ist das A und O. Das Allerwichtigste: Die eigenen Leute bei Laune zu halten. Weil sie fast pausenlos am Messestand mit Interessenten und Kunden kommunizieren, sollten sie wirklich belastbar sein. Es ist wahnsinnig anstrengend, so lange zu stehen. Wer das erste Mal eine Messe veranstaltet, wird kaum Chancen haben, selbst mal zu schauen, was die anderen machen. Zumindest ist das meine Erfahrung. Man hat einfach durchgehend etwas zu tun. Mit der Zeit kommt auch hier Routine ins Spiel, man verteilt die Aufgaben sinnvoller, was kleine Freiräume schafft.

Im Beautysektor hatte ich das Gefühl, dass der Wettbewerb immer größer wurde, immer mehr Konkurrenten auf den Markt kamen. Und unsere Antwort darauf: Lustiges, belastbares Personal. Gute Stimmung. Und ausreichend Sekt für die Besucher.

An Messen teilzunehmen war für mich persönlich immer ein Highlight. Ich kaufte einen Transporter, doch vieles mussten wir einfach auch verschicken, weil die Menge an Material das Fassungsvermögen des Fahrzeugs überstieg. Es dauerte irre lange, bis die Dinge verpackt waren, die wir mitnehmen wollten. Die Erfahrungswerte, die wir sammelten, ließen uns von Messe zu Messe immer besser werden.

Selbst vor internationalen Ausstellungen scheute ich mich nicht: Ich war in Dubai und Las Vegas. Auch wenn sich die Messeerfolge dort in Grenzen hielten. In Dubai hatte ich immerhin die Kosten für den Messeauftritt wieder raus und ein zahlungskräftiger Kunde ist mir bis heute erhalten geblieben. Es war eine interessante Erfahrung. Dennoch findet unser Kerngeschäft inzwischen eher innerhalb Europas statt.

Das Schöne an Messen ist, dass man sich dort nicht nur mit Kunden austauschen, Produkte verkaufen und Neuheiten präsentieren kann. Durch Messen kann und wird es auch zu Gesprächen mit neuen Dienstleistern und Anbietern kommen.

Mein Deutschland-Vertrieb für den Plasma-Pen war in vollem Gange und so fand auch ich mich auf der großen Beautymesse wieder. Schon hier spürte ich, dass ich den Zenit überschritten hatte und meine Aktivitäten für den Hersteller bald schon vorbei sein würden.

Es war nicht mein erster Vertriebsjob, aber der eindrucksvollste. Der Umsatz drehte sich kräftig. Die erste große Provisionsrechnung stellte ich am 12.02.2016 aus, durch die ich 111.000,- Euro überwiesen bekam. Das war ein Anreiz, meine Energie sehr intensiv einzusetzen, um dem Gerät die nötige Aufmerksamkeit zukommen zu lassen und es in großen Stückzahlen zu verkaufen. Jedoch zeichnete sich ab, dass sich andere Vermarkter in mein Terrain vorarbeiteten. Sie drängten sich zwischen mich und meinen Auftraggeber. Das waren Momente, die sehr an mir zehrten. Ich stellte fest, dass der Wettbewerb nicht schläft, wo immer viel Geld im Umlauf ist.

Ich verschloss meine Augen nicht davor, dass mir dieses Business abgejagt werden würde und ich mich früher oder später aus dieser Geschäftsbeziehung zu verabschieden hätte. Doch ich wollte keineswegs unversucht lassen, den Umsatz zu retten, der mir ansonsten verloren gegangen wäre. Inzwischen kannte ich das Potenzial, sah die Zahlen schwarz auf weiß vor mir und suchte nach einer Alternative und fand sie. Oder besser gesagt: Sie fand mich.

Ein Mann sprach mich an: „In der Branche hat es sich herumgesprochen, dass du diesen Plasma-Pen groß gemacht hast", fasste er zusammen und deutete auf das Gerät, das wir ausstellten. Dann fragte er mich, was ich davon halten würde, wenn er mir einen eigenen Pen bauen würde. „Na, was wohl?", antwortete ich, „ich wäre begeistert."

Plasma-Pens waren schon zu dieser Zeit global gesehen nichts innovatives mehr. Denn man konnte sie in Mengen aus China beziehen. Allerdings ist es eher so, dass deutsche Kosmetikerinnen und Kosmetiker Waren aus China eher argwöhnisch beäugen. Somit wäre der Weg frei für weitere Umsätze, dachte ich mir und ließ mich auf das Geschäft ein, nachdem ich aus dem Deutschland-Vertrieb für Pen eins ausschied (Nur am Rande: Das war übrigens nicht das erste und einzige Mal, dass wir Herstellern halfen, groß zu werden und dann einfach so abgesägt wurden).

Die Zusammenarbeit mit dem Mann brachte einige Startschwierigkeiten mit sich. Das Gerät funktionierte zunächst nicht so, wie es sollte. Doch so etwas muss bei neuen Entwicklungen einkalkuliert werden. Was mir jedoch sehr wichtig war, war Exklusivität. Wir hatten vereinbart, dass alle Anfragen, die ihn nun erreichten, an unsere Adresse weitergeleitet werden sollten. So hätten wir uns um den Vertrieb kümmern können und der Mann sich vollständig um die Produktion. Wir kauften ihm eine große Menge an Pens ab. Doch es stellte sich heraus, dass der Kooperationspartner sich selbst der Nächste war. Alles, was er tat, folgte ausschließlich seiner eigenen Zielsetzung. Eines Tages bekam ich mit, dass er gegen unsere Abmachung verstieß und selbst Geräte an andere vermarktete. Damit waren wir von einer vertrauensvollen Zusammenarbeit weiter entfernt, als ich gedacht und gehofft hatte.

Ich fragte Olli: „Sag mal, können wir die nicht auch selbst bauen?“ Oliver lernte ich durch meinen neuen Freundeskreis kennen und schätzen – ein unvergleichbares Technikgenie mit dem Herz am richtigen Fleck. Er war bereits schon einige Zeit als Mitarbeiter und Teamkollege im Unternehmen an Bord und verfügte über die Fähigkeit, unseren eigenen Pen zu bauen. Gesagt, getan. Das war die Geburtsstunde des PlasM. Wir fertigten Zeichnungen an, fragten Teile an, kauften Platinen und ließen Gehäuse produzieren. Olli, dem als Auditor beim TÜV der Begriff „Qualitätskontrolle“ nicht neu war und der sich zudem auch mit den rechtlichen Gegebenheiten bei der Zulassung neuer Geräte auskannte, leistete im Schnellverfahren ganze Arbeit: Nach zwei Monaten war der PlasM marktfähig und bereit, verkauft zu werden.

In Bayern ist die Anwendung von Plasma-Pens gesetzlich verboten. Im Rest der Republik glücklicherweise nicht. Dennoch ist es in dieser Branche absolut erforderlich, nach neuen Trends Ausschau zu halten und auch neue Trends zu setzen. Nicht alles, wonach der Markt verlangt, lässt sich selbst bauen. Manche Dinge müssen wir zur Herstellung auch in Auftrag geben. Das ist Teil unserer Arbeit. Drei Produktklassen haben wir inzwischen auf den Weg gebracht: Den Plasma-Pen „PlasM“, einige Seren und den Pigmentkiller.

Wer als Gründerin oder Gründer durchstarten möchte, muss nicht unbedingt das Rad neu erfinden. Es reicht aus, Bestehendes zu modifizieren und es besser zu machen. So ist es beim PlasM gewesen und so war es auch mit dem Pigmentkiller, der wie der Name schon sagt, Pigmente, wie Permanent Make-up und Tattoos auf schonende Weise entfernt.

Es ist kein Geheimnis, dass vor allem Frauen bei der Form und Farbe der Augenbrauen gerne nachhelfen. Sie verleihen dem weiblichen Gesicht intensivere Züge. Um sich nicht jeden Tag schminken zu müssen, gibt es Anwendungen, bei denen Augenbrauen pigmentiert – also quasi tätowiert werden. Durch mangelhafte Beratung oder unsachgemäße Arbeit können dabei jedoch Pigmentier-Ergebnisse entstehen, die weit hinter den Kundenerwartungen zurückbleiben.

Lange Zeit waren dann Laserbehandlungen die einzige Möglichkeit, den Eingriff aufzulösen. Die Laserbehandlungen unterliegen inzwischen gesetzlichen Restriktionen und dürfen in Kosmetikstudios nicht zur Anwendung kommen. Das macht auch nichts, weil diese Eingriffe ohnehin mit Schmerzen und häufig unansehnlichen Überbleibseln in Form von Narben verbunden sind.

Die Behandlungsmethode „Pigmentkiller“ hingegen ist eine vergleichsweise schonende Behandlung mit natürlichem Serum. Oder mit anderen Worten: Der Pigmentkiller ist eine nicht-toxische Remover-Lösung, die weder chemische Säuren, noch Inhaltsstoffe enthält, die das hauteigene Melanin beschädigen könnten. Wann immer also ein nicht-optimales Permanent Make-Up entfernt werden soll oder ein Tattoo, das nicht mehr zeitgemäß ist, verschwinden darf, kann der Pigmentkiller zum Einsatz kommen. Weder greift er die Haut an, noch hinterlässt der Eingriff Narben.

Das Produkt „Made in Germany“ darf wohl als No-Brainer bezeichnet werden und funktioniert, weil der Pigment-Remover, bestehend aus einer hypertonischen Salzlösung, bei richtiger Verwendung alte Farbpigmente freigibt. Während der Abheilung wird die Farbe durch den Schorf an die Oberfläche gezogen. Das Alter der Pigmentierung spielt dabei absolut keine Rolle. Die Entfernung von Pigmenten erfolgt durch das Einbringen der rein natürlichen Lösung in die Haut.

Und auch die Inhaltsstoffe sind kein Geheimnis: Unser Pigmentkiller besteht aus reinem Meersalz, aus Hydroxyethylcellulose (HEC), Grapefruit-Saatgut-Extrakt, Kaliumsorbat, Natriumbenzoat, Aloe Barbadensis-Blattsaft und gereinigtem Wasser. Nicht selten genügen schon zwei Anwendungen, um den gewünschten Effekt zu erzielen.

Sobald man als Entwicklerfirma etwas Neues auf den Markt bringt, ergeben sich daraus auch die Möglichkeiten, Weiterbildungen und Workshops anzubieten. In unserem Fall laden wir Interessierte ein, Pigmentkiller-Spezialisten zu werden. Damit lernen sie Tipps und Tricks von Profis und können damit das Leistungsangebot im eigenen Studio erweitern. Ein Workshop beinhaltet das Üben am Modell samt Erfahrungsaustausch sowie Details zum Serum und der Anwendungstechnik. Die Kosten für einen Workshop belaufen sich auf 490,- Euro netto.

Der Pigmentkiller erfreut sich auch in Dubai großer Beliebtheit. Jährlich werden hunderte Starterkits geordert. Die Pigmentkiller-Sets verkaufen sich ohne viel Werbung – wir liefern sie nach Frankreich und Italien und haben dabei festgestellt, dass der Memberbereich, den wir für Online-Schulungen eingerichtet haben, sich als goldrichtige Lösung entpuppte. Wir haben die Schulungen einfach digitalisiert. Das alles kommt gut an. Und wer die

Schulung absolviert und das Starterset geordert hat, könnte pro Behandlung zum Beispiel 100,- Euro aufrufen. Es gibt jedoch keine Preisbindung.

Ein letzter Gedanke noch dazu: Es gibt im Verkauf unterschiedliche Verkäufertypen. Ich bin eher eine Bauchverkäuferin. Es liegt mir fern, mittels Einwandvorwegnahme einem potenziellen Kunden die Hürden aus dem Weg zu räumen, Menschen übermäßig stark zu manipulieren, um sie zum Abschluss zu bewegen. Ich möchte Interessenten begeistern, nicht überreden. Mit der eigenen Freude und Begeisterung an Produkten und Dienstleistungen, die einen Wert für die Zielgruppe haben, kann ich am besten punkten: Es kam schon vor, dass eine Kundin, die einen Leasingvertrag für ein anderes Gerät unterschrieben hatte, während eines Telefonats stornierte und unser Gerät kaufen wollte. Nicht, weil ich dieses forcierte. Sondern weil sie spürte, wie sehr ich hinter unserem Gerät stehe.

Auch ich persönlich möchte keine Nummer sein. Ich erwähnte bereits, dass ich vielseitig interessiert bin. Und so kommt es häufiger mal vor, dass ich mit Leuten telefoniere, die mir etwas anbieten möchten.

Wenn ich am Telefon höre, dass sie ein Skript ablesen, verlieren sie mich damit. Geschäfte werden unter Menschen gemacht und nicht zwischen Maschinen. Zumindest nicht, wenn ich mit jemandem telefoniere. Ich weise meine Gesprächspartner auch darauf hin, dass ich es wichtig finde, eine persönliche Ebene zu finden. Ich bin – so wie mein Gesprächspartner auch – eine Persönlichkeit und so möchte ich auch wahrgenommen werden. Deshalb bitte ich Menschen auch aktiv darum, authentisch zu bleiben. Dann kann man auch ins Geschäft kommen.

Vertrieb, Vermarkten, Verkaufen

Was kommt dir in den Sinn, wenn du dieses Kapitel auf dich wirken lässt? Worüber denkst du nach? Wie setzt du dich mit dir auseinander? Birgit Möller freut sich auf Feedback und Fragen.

autorenclub.de/bm/15

Über den Zugang zur Internetseite der Autorin lassen sich die einzelnen Buchkapitel kommentieren. Neben Feedbacks sind auch Fragestellungen möglich, die die Autorin per Sprachnachricht oder E-Mail beantworten wird.

Entscheide selbst, ob du Birgit Möller persönlich Feedback geben möchtest oder deine Meinung mit der gesamten Leserschaft teilst. Wenn Fragen zur Interaktion mit der Autorin aufkommen, beantwortet unser Verlagsteam diese gerne unter: leserfragen@marianprill-verlag.de

Gerührt und gereimt: Das Beste kommt zum Schluss

Wer mich vor 20 Jahren kennengelernt hätte und das mit heute vergleicht, würde sagen: Das kann niemals die gleiche Frau sein. Vom Junkie zur Umsatzmillionärin.

Warum habe ich meine Erfahrungen und Erlebnisse schriftlich dargelegt? Weil ich fest davon überzeugt bin, dass jeder Mensch dazu in der Lage ist, sein selbstbestimmtes Leben zu führen. Viele Menschen haben leider verlernt zu träumen. Mein eigener Weg war alles andere als leicht. Doch ich habe meine Vision niemals verloren. Das sind meine Superkräfte: Entscheidungen treffen und visionär denken.

Die folgenden Zeilen sind gereimt und Teil meines Bühnenprogramms: **Nie wieder ein anderes Stück Himmel.**

Schau mich an, wer ich geworden.
Ich lebte einst direkt am Boden.
Den ganzen Tag ging's nur ums Geld.
Ich war nicht mehr in dieser Welt.

Es machte Wooooosh, der Blitz schlug ein.
Drogen in mei'm Körper.
Ich war noch jung, ganz lang allein.
Es lauerte ein Mörder.

Dem Tod entkam ich immer wieder.
Doch das Bewusstsein schlug mich nieder.
Ich weinte stumm und litt ganz still.
Vor Hunger und vom Angstgefühl.

Ich schaffte an, saß auch im Knast,
verkaufte meine Seele.
Die Schmerzen waren Höllenlast.
All das ich nicht empfehle.

Ich blickte in den Himmel rein,
und ahnte schon, so wird es bleiben.
Ich sehnte mich nach Sicherheit
nach Tanzen in ei'm Sommerkleid.

Was dann geschah, war wunderlich.
Ich wurde plötzlich schwanger.
Ein Kind wuchs und entwickelt sich.
Die Drogen an den Pranger.

Ich werde also wirklich clean,
mit Therapie in Südberlin.
Ich kämpfe mich zurück ins Leben.
Im Drogensumpf bleib' ich nicht kleben.

Die Arbeit ruft, das Geld ist knapp.
Nach Tochter Eins folgt Tochter Zwei.
Die Hauptstadt hält uns so auf Trab.
Weshalb ich uns befrei'.

Wir zieh'n ins Haus, aufs Land hinaus.
Wir mussten aus der Hauptstadt raus.
Sehr teuer war das Haus zur Miete.
Vermieter nimmt, was ich ihm biete.

Und damit wendet sich das Blatt.
Vergessen sind die Sorgen.
Uns geht es gut, wir sind auch satt.
Und freuen uns auf morgen.

Doch was geschah in dieser Zeit?
Wieso war Ende mit dem Leid?
Das will ich schnell dir noch erzählen.
Es darf in diesen Zeil'n nicht fehlen.

Viel Arbeit hart, viel Arbeit schwer,
das war mein täglich Brot.
Und plötzlich war da jemand wer,
beendete die Not.

Kosmetik ist und war mein Leben.
Und plötzlich war Erfolg ein Segen.
Wir bauten einige Geräte,
die ich bis heute gern vertrete.

Schau mich an, wer ich geworden.
Ich lebte einst direkt am Boden.
Den ganzen Tag ging's nur ums Geld.
Ich war nicht mehr in dieser Welt.

Wer hätte 20 Jahr' zuvor gedacht,
dass sowas möglich sei.
In mir war Vertriebsfeuer entfacht.
Und plötzlich war ich frei.

Und die Moral von der Geschicht'?
Träume und entscheide dich.
Nur du allein kannst dich entscheiden.
Brauchst länger nicht mehr weiterleiden.

Schau mich an, wer ich geworden.
Ich lebte einst direkt am Boden.
Doch heute weiß ich, wer ich bin.
Und dort begleite ich dich hin.

Hier und jetzt, in den letzten Zeilen meines ersten Buches trifft die „alte" auf die „neue" Birgit. Das Buch zu verfassen, war ein langer Prozess, der anderthalb Jahre dauerte. Er hat viel mit mir gemacht.

Wenn Menschen mal rapide abgenommen haben, sagen diejenigen, die sie treffen: „Wow" und machen große Augen. Doch die betreffenden Personen selbst sehen die Veränderung an sich nicht so stark. Bei mir ist das Gegenteil der Fall. Als ich mit „Nie wieder ein anderes Stück Himmel" begann, war ich zu niemandem sonst so streng, wie zu mir selbst. Ich habe in meinem zweiten Leben, das nach meiner Drogenerfahrung startete, ein ausgeprägtes Helfersyndrom entwickelt. Ich kümmerte mich sehr häufig um andere. Doch auf dieser Reise durch meine Vergangenheit habe ich nun vor allem auch zu mir selbst gefunden. Ich bin bei mir angekommen.

Meine Geschichte hat alles andere als glänzend begonnen, doch heute strahle ich übers ganze Gesicht, weil ich mir selbst bewusst darüber geworden bin, wo ich angefangen habe und wo ich mich hingearbeitet habe. Und das sollte Beweis genug dafür sein, dass diejenigen, die sich ein Ziel setzen, dieses auch erreichen können. Mein großer Wunsch, den ich mir nun noch erfüllen möchte, ist es, meine Erfahrungen, mein Können und Wissen mit anderen zu teilen.

Ich möchte mit jenen arbeiten, die Lust auf Veränderungen verspüren. Denn mit Veränderungen kenne ich mich sehr gut aus. Ich möchte diejenigen kennenlernen, die längst wissen, dass ihnen persönlich auch neue Zeiten bevorstehen und die sich selbst befreien wollen. Ich suche diejenigen, die merken, dass es da draußen irgendetwas anderes, vielleicht auch etwas besseres, geben muss, als das, was heute deren Alltag bestimmt.

Jetzt, da mein Unternehmen ohne großes Zutun läuft, möchte ich mich den Suchenden widmen und mit ihnen Geschichte schreiben. Ihre neue Geschichte.

Ich bedanke mich bei allen Leserinnen und Lesern für die geschenkte Zeit und Aufmerksamkeit und würde mich freuen, wenn ich ein kleines bisschen zu neuen Sichtweisen beitragen konnte.

Ich danke meiner Familie, allen Unterstützern, die dieses Buch erst möglich gemacht haben und allen, die es verdient haben und die hier unerwähnt geblieben sind.

Alles Gute wünscht dir von ganzem Herzen
Birgit Möller

Gerührt und gereimt

Was kommt dir in den Sinn, wenn du dieses Kapitel auf dich wirken lässt? Worüber denkst du nach? Wie setzt du dich mit dir auseinander? Birgit Möller freut sich auf Feedback und Fragen.

autorenclub.de/bm/16

Über den Zugang zur Internetseite der Autorin lassen sich die einzelnen Buchkapitel kommentieren. Neben Feedbacks sind auch Fragestellungen möglich, die die Autorin per Sprachnachricht oder E-Mail beantworten wird.

Entscheide selbst, ob du Birgit Möller persönlich Feedback geben möchtest oder deine Meinung mit der gesamten Leserschaft teilst. Wenn Fragen zur Interaktion mit der Autorin aufkommen, beantwortet unser Verlagsteam diese gerne unter: leserfragen@marianprill-verlag.de

Das Gegenteil von fehlerfrei

Ute Keller beschäftigt sich seit 25 Jahren mit der Frage, wieso Menschen ein fremdgesteuertes Leben führen, aus dem Unzufriedenheit und Krankheit resultieren können. Als Ursache sieht die ausgebildete Psychopädin und Heilpraktikerin eigene Kindheitserfahrungen. Die eingeschränkte Lebensqualität überträgt sich zwangsläufig auf das Umfeld. Die Empfehlung der Familien-Expertin: Ein Blick in die Vergangenheit lohnt sich, um den eigenen Kurs zu korrigieren.

Ute Keller
Das Gegenteil von fehlerfrei
180 Seiten
ISBN: 978-3-949265-00-6

Überall erhältlich wo es Bücher gibt

Betriebsratsarbeit ist wie Fußballspielen

Thomas M. Steins hat viele Antworten auf die Frage, welche Aufgaben Betriebsräten abverlangt werden. Als Strategieberater und Betriebsratscoach unterstützt er Mitbestimmungsgremien, die sich gerade neu gegründet haben oder in Zeiten der digitalen Transformation enormen Herausforderungen gegenüberstehen, mit Know-how und Tools. Für seinen Business-Roman kreierte der Autor die Figur Nele Lingard, eine junge Studentin, die nach einem Schicksalsschlag ihrer Eltern auf der Suche nach Unterstützung ist und diese in einem Praktikum findet, das seinen Anfang in einem Fußballstadion nimmt.

Thomas M. Steins
Betriebsratsarbeit ist wie Fußballspielen
146 Seiten
ISBN: 978-3-949265-01-3

Überall erhältlich wo es Bücher gibt